世界一のフェイシャル・マジック

ジュミ・ソン

JOOMEE SONG

THE WORLD'S
MOST MAGICAL
FACIALIST

光文社

はじめに

マッサージは、どんなメイクにも勝る究極の美容法

私はいまロサンゼルスとニューヨークで、「ＫＡＩＫＡ™」と名付けた独自のマッサージ技術を使って、フェイシャルのエステティシャンをしています。

２０１４年にアーティストのレディー・ガガと知り合い、２０１８年に彼女が休業に入るまでの４年半のあいだ、彼女の専属のフェイシャリストとして、世界中を共に飛び回りながら活動していました。

アメリカの美容業界では、誰がどのセレブリティをクライアントとして持っているかで腕前を評価されるところがありますが、私のクライアントは資産家からセレブリティ、または専業主婦まで職業を問わず、いろいろな方から信頼をいただいておりま

す。

私の施術の特徴は、高額な化粧品や最先端の機械などを一切使わないこと。

指でマッサージするだけで肌が美しくなるだけでなく、顔の形も変わります。顔の輪郭がくっきりした小顔になり、目が大きくなり、鼻は高くなり、たるみがあれば引き締まります。

なぜマッサージで顔の形が変わるのかというと、筋肉のコリをほぐし、老廃物を流すからです。

首がシュッと細くなったり、あごのラインが引き締まったりするだけで、顔の印象は一変してしまうのです。

またマッサージは肌の細胞を活性化させるので、シミやシワや傷跡、赤みが目立たなくなり、肌の色が明るく透明になっていきます。

本書では、私のマッサージの秘密を余すことなくお伝えしていこうと思います。

手に勝る道具はない

先ほども述べたように、私は自分のマッサージのテクニックに「ＫＡＩＫＡ」という名前をつけました。これは日本語の「開花」からきています。あるクライアントが私の施術を受けてその成果に感動し、「まるで顔に花が咲いたみたい！」とおっしゃいました。その言葉をヒントにしてつけた名前です。

最近はフェイスマッサージ用のローラーや美容家電など、美容のためのさまざまな器具が売られているし、エステティックサロンではさまざまな機械による施術が行われています。私もクライアントから、「どれを使えば一番いいの？」とよく訊かれます。

私の答えは、手に勝る道具はないということです。

それも私のようなフェイシャリスト任せにするのではなく、まずは自分の手で触ったほうがいい。

普段から自分の指で自分の肌をよく触って、肌や筋肉の感触を覚えておく。そうすることで、「昨日はここにコリがあったけれど、ゆっくりマッサージしたら消えてくれた」という変化がよくわかります。だから「今日は昨日より少し軽くマッサージしておこう」というような微調整が可能になる。

「肩や首がこるのはわかるけれど、顔がこるなんて本当？」

と思われたかもしれませんが、私たちの顔は思った以上にこっています。パソコンやスマホで眼精疲労になると目の周りの筋肉がこりますし、ストレスで頭や首がこると、顔面の血流も悪くなる。そうすると老廃物が血流に乗って流れていかないので、顔色がくすんでいきます。**顔のコリをとることは、マッサージの基本だと思ってください。**

私はクライアントに、よく言います。

「イタ気持ちいいところを3分マッサージしてね。3分でかまわないから。でもその代わり毎日してください。毎日触ってあげてください。自分の顔なんだから」

マッサージをしながら自分と会話をする

「でも、自己流でマッサージをしても大丈夫？」

と、不安に思う人もいらっしゃいます。

このような人は、「自己流マッサージは、かえってたるみの原因になる」といった説を聞いたことがあるのではないでしょうか。

自己流マッサージでたるみが生じたという人は、マッサージをするとき力を入れすぎているか、長い時間をかけすぎているか、もしくはその両方です。

マッサージは一日3分から5分で十分。その代わり、毎日続けてください。

本書で紹介する「ＫＡＩＫＡ™」流マッサージ方法を実践すれば、たるみは解消されて引き締まっていきます。

私が思うに、マッサージをやりすぎてしまう裏には、美への執着とか、老化への恐怖とか、コンプレックスとか、心理的な原因が隠れていることが多い。

のちほど詳しく説明しますが、美しくなるためには、このような自分の心を見つめてメンタルを整えることが非常に大切です。マッサージはそのための手段でもあります。一日数分のマッサージを習慣にすることによって、日々、自分に問いかけることになるからです。

「どうして私、顔がこっているんだろう？」

「どうして首のところがガチガチなんだろう？」

「今日、何したんだっけ。今日、何があったっけ。あっ、あんなイヤなことがあったよね」

「ああ、私という人間は、ああいうことがあると精神的にすごく影響を受けるんだな」

「辛かったけど、もう起きてしまったことは仕方がない。私、けっこう頑張った。明日からまた自分なりにベストを尽くせばいいんだ」

こんなふうに自分と会話をすることで、顔のコリの原因が理解できていきます。

なぜマッサージがこんなに効くのか、まだ半信半疑だという方は、こんなふうに考えてみてください。

人間の顔の後ろ側には、人間にとって一番重要な脳みそがあります。顔の正面には目があって、鼻があって、口がある。どれがなくなっても動物として生きていきづらくなる大事な感覚器官です。だからすべて骨と筋肉で守られています。つまり顔の筋肉は一番使っている筋肉なのです。

でもほとんどの人が顔のコリについてはあまり気にしない。それでいて、「最近、頭痛がひどい」「なんだか顔がむくむ」「吹き出物が多い」「二重あごになってきた」といって悩んでいるのです。

でもコリをほぐして流すべきものを流したら、顔は明らかに変わります。筋肉がほぐれれば笑顔も出やすくなります。口もよく動くようになり、話しやすくなる。いいことずくめです。

顔のコリをとると肌質も上向く

私のマッサージを受けた方が、よくこうおっしゃいます。

「最近私、ファンデーションをつけなくなったのよ」

顔のコリをとることと、肌を美しくすることは別ものだと考えてしまいがちですが、両者は１００％つながっています。顔のコリが改善されると、肌質も改善されます。逆に言えば、顔のコリをとらないと肌質は変わりません。

上手なメイクをするのも大事ですが、できれば肌そのものがきれいであることが望ましいですよね。メイクは肌の上に色をのせることしかできません。ですので、まずは土台である肌そのものをきれいにすること。

一般的なフェイシャルでは、肌の表面をスクラブしたり、ピーリングしたりして、肌質だけを変えようとします。フェイシャルエステに行ったことのある人はわかると思いますが、施術を受けたあと1週間ぐらいはいい感じです。でもどんなフェイシャルであっても、その結果を維持することはできません。必ず元に戻ります。なぜなら顔のコリを無視しているので、肌の奥に誰もが持っている活性細胞が十分に刺激されないからです。

高い化粧品より、まずは自分の指

私はたまにクライアントの自宅やホテルの部屋で施術を行いますが、持っていく荷物はカバン一つです。フェイシャリストには何十個ものスーツケースにいろいろなものを詰めていく人も多いので、「これだけ？」と驚かれるほど。

私はもしそこに水しかなかったとしたら、水だけで結果を出す自信があります。

肌の表面に何を塗るかで、そんなに大きな結果にはつながらないからです。

それよりもマッサージによって肌を物理的に刺激することで、皮膚の表面から美容成分が効率よく吸収されたり、いらない老廃物がスムーズに排出されたりするようになる効果のほうが大きい。

「肌につけたものは30%ぐらい吸収されます」と言う人がいますが、もしも本当に肌につけたものが30%も吸収されているとしたら、私たちはいまごろ多種の皮膚病に悩まされているはず。家から一歩外に出たら、それこそウイルスがウジャウジャひしめいているのですから。

肌は人間の体を細菌やウイルスなどの外敵から守るための防御壁なので、そう簡単に外部のものを入れないようになっているのです。

でも実際は、「このクリーム、5万円もしたの。だからやっぱり肌がきれいになったわ」ということもありますよね。それは「5万円も払ったのだから絶対きれいになるはずだ」というように効果を信じているからでもあるのです。だからこそ高い化粧品を使うと効果が期待できる。偽薬でも効果が出ることをプラシーボ効果と言いますが、まさに思い込みででも肌は変わっていくものです。

だから高い化粧品がまったくの無意味だとは言いませんが、マッサージした健康な肌の上から化粧品を塗ることで、効果も数倍期待できます。自分でマッサージすることは一銭もかかりません。時間だってわずか3～5分でいい。それだけでエステに行ったばかりの状態がキープできるとしたら……？

本書では私のマッサージの方法だけでなく、肌トラブルの改善方法、美しくなるための日常生活の送り方などもお教えします。はっきり言って、お金をかけなくても効果は出ます。さらに、自分のことを好きになることで前向きになり肌もきれいになります。その結果、年齢を重ねることも怖くなくなります。

ぜひとも一生続く、本当の美しさを手に入れてください。

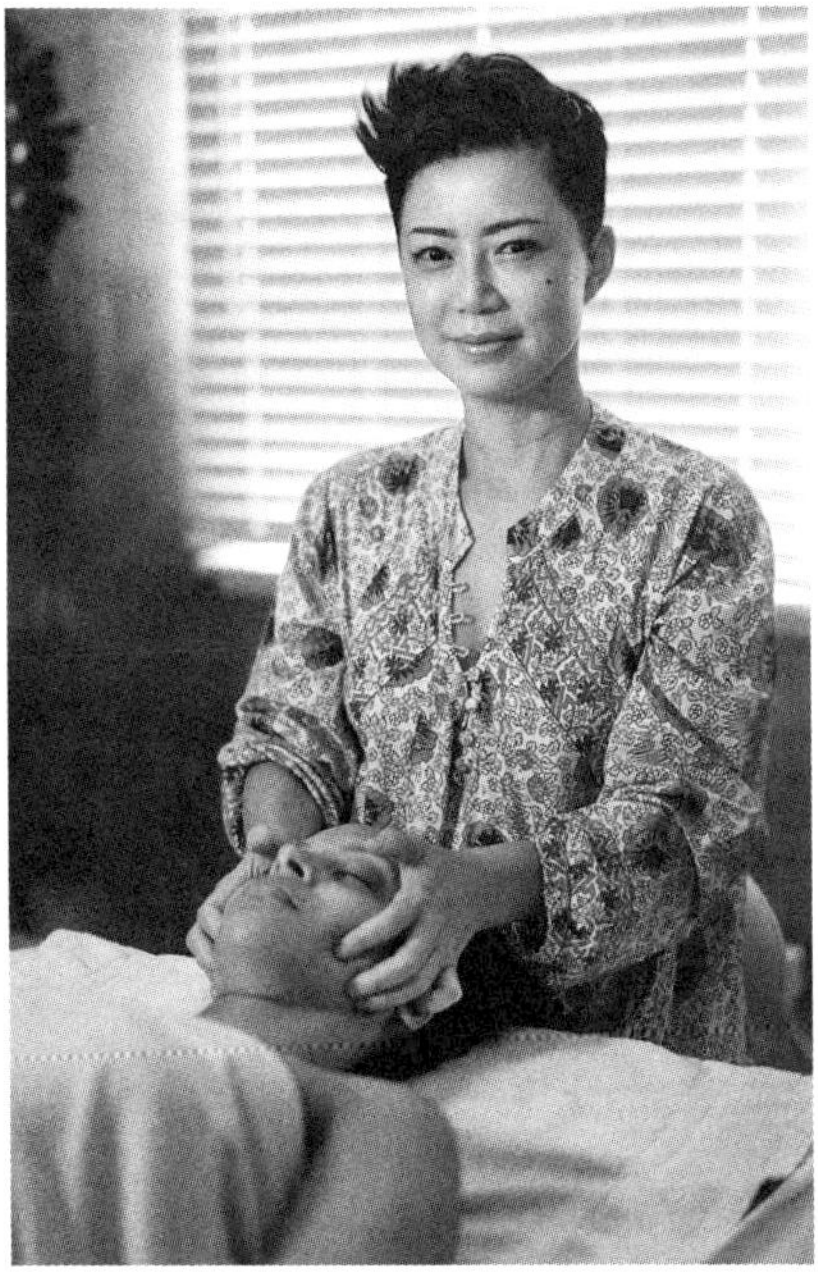

CHAPTER 1 「顔」はメンタルからしか変わらない

CHAPTER 2 肌トラブルは「炎症」から治す

CHAPTER 3

自宅でできる極上フェイシャル・トリートメント

CHAPTER 4

必要なのは、一日5分の手肌マッサージ

CHAPTER 5

生活習慣から素肌を変える

INTRODUCTION

世界に羽ばたくまで

「アメリカで美容の仕事をする！」と決意

私のマッサージについて具体的にお話しする前に、私が何者なのか、どんな考えを持っているのかをお話しさせてください。

私が美容の道に進もうと思ったのは、高校生のときです。中学生くらいになると、女の子は髪型を気にしたり、お化粧の真似事をしたりし始めますよね。

ある日のこと。学校の休み時間に、友達と鏡を見ながらおしゃべりしていて、

「ちょっと眉毛を整えてみようよ」

ということになりました。そこで私がいきなり毛抜きを持って彼女の眉毛を整えてみたら、初めてだったにもかかわらず、なぜかすごく上手にできたのです。

ご存じの通り、眉というのは、ほんの少し手入れをしただけでも印象がガラッと変わります。あっという間に、

「ジュミに眉を整えてもらうと、きれいになる」

という評判が広まり、それからというもの、休み時間になるとクラスの女子たちが、

「ジュミ、私もお願い！」

といって私の前に列をなすようになったのです。

自分が得意なことを生かして人に喜んでもらうというのは、職業選びの原点ですよね。私も将来は女の人をきれいにすることを仕事にしたい。それには「メイクさん」になればいいんだ、と高校生なりに考えました。

私が高校生だったのは１９９０年代。当時はシンディ・クロフォードやナオミ・キャンベルといったスーパーモデルがブームになっていました。その中の一人にリンダ・エヴァンジェリスタという女性がいて、なぜかわからないけれど私は彼女の虜《とりこ》になったのです。

彼女はとても骨格がはっきりした白人の女性で、日本人なら隠そうとするあごのエラを強調するメイクをしていました。これはのちにアメリカに来てからわかったことですが、アメリカではエラが張っているというのは、すばらしいことなのです。

私は彼女の写真を見て、「なに、この人」とびっくりし、一目で夢中になってしまいました。もしもメイクを仕事にできたら、私はこういう人を触っていたい。自分と同じ顔をした日本人を触るより、違いのある肌や骨格を触っていたいと思ったのです。

このときから「アメリカで美容の仕事をする」ことが、私の将来の夢になりました。まだ高校1年生だったにもかかわらず、母に「私は高校を卒業したらニューヨークに行く」と宣言。当然、母から、「何を考えてるの。せめて20歳まで待ちなさい」と諭され、短期大学に進学します。そして短大を１９９８年の3月に卒業し、4月にニューヨークへ旅立ちました。これが生まれて初めての海外渡航。

大学は英文科でしたが、ほとんど英会話ができなかったので、まずは寮のある語学学校に通うところからスタートです。一緒にニューヨークまでついてきてくれていた母が、1週間経《た》って、「じゃあ頑張ってね」と言って日本に帰っていったときは涙が止まりませんでした。

いよいよ独りぼっちになると部屋の外に出るのも怖い。ご飯の買い方もわからない。3日間、部屋から出られませんでした。

電話帳でメイクの学校探し

それから語学学校に通い始めたのですが、すぐに「これは学校の授業を受けていても仕方ない」と気づきました。せっかくニューヨークにいるのだから、友達をつくって毎日英語でしゃべったほうが絶対に早い。できれば友達よりも彼氏をつくったほうがいい。

アメリカでは20代の日本女性が恋人をつくるのは簡単です。すぐに彼氏ができ、6カ月間ニューヨークですごしました。おかげで英語は人一倍上達し、「これならメイクの学校に行けるわ」と自信がついた。そこで「メイクの学校に行きたい。いい学校はない？」と会う人ごとに話していたら、

「いや、ジュミ、それはニューヨークにいてもダメ。ロサンゼルスに、それもハリウッドに行かないとダメよ」

と言われてしまったのです。

当時は意外にもニューヨークにメイクの専門学校は1校もありませんでした。そこで荷物をまとめて一人でロサンゼルスに移り、1カ月の間、ホリデイインというホテルに泊まりながら、イエローページ（電話帳）をめくってそれらしい学校を探し続けました。

3週間ぐらい経って、ようやくイエローページのなかに「ヤマノ・ビューティーカ

レッジ・ロサンゼルス校」を見つけます。日本に山野美容専門学校という学校がありますが、そのロサンゼルス校です。そこにはコスメの専門家、エステティシャン、メイクアップ、ネイルの技術者などを養成すると書いてありました。「あっ、これだ」と思って電話したら、木村先生という校長先生が出た。私が電話口で入学したい旨を伝えると、

「君はそんなところで一人で何をしているんだ。いますぐ来なさい」

と怒られてしまいました。

それ以来、アパート探しを手伝ってもらったり、部屋を借りるときの保証人になってもらったり、アメリカの生活に欠かせない自動車を買うときもお世話になり、木村先生のおかげで生活の基盤をつくることができました。

メイクからエステへ

その木村先生に「メイクさんになりたい」と相談したところ、木村先生は「メイクの仕事は向いていると思う。ただしメイクアップ組合に入りたかったら、エステティッ

クのライセンスがいるんだよ」

当時はメイクの仕事をするにもエステの免許が必要だったのです。私はエステティックとかエステティシャンが何をするのかもよく知りませんでしたが、「じゃあエステ課程を専攻します」と、即座にヤマノ・ビューティーカレッジのエステ課程に進むことを決めました。

アメリカのエステの専門学校では、本物のクライアントで練習しながらエステティックの実技を学びます。私はここでもなぜか上手でした。

実技の練習台になってくれた人たちが、「ジュミ、卒業したらどこへ行くの。ついていくから、どこに行くか教えて」と言ってくれたけれど、私は、「ついてこないで。私はメイクさんになるんだから」と言って断っていたほどです。

それでエステのライセンスをとったあと、メイクの専門学校に進み、美容と特殊メイクを学びいよいよメイクの仕事を始めました。

アメリカでは駆け出しのメイクさんは、「プレイボーイ」というグラビア誌のモデルのメイクを担当することがよくあります。彼女たちは肌を出すので、豊胸手術の傷跡を隠すのも私の仕事の一つでした。

彼女たちを見ていると、「こんなにきれいな人が、どうしてこんなに傷だらけなんだろう」と驚きます。誰もがうらやむような美人でスタイルもいいのに、脇の下や乳輪など、胸だけで6カ所ぐらい切り傷がある。そういう傷を特殊メイクの技術で隠していくのです。

でもメイクで肌の色は隠せるのですが、テクスチャー（質感）は隠せません。それよりスキンケアの方法を変えて、肌そのものをきれいにしたほうがいい。

それで「体だけでなく、顔もこんなふうに手入れすればいいよ」と彼女たちにスキンケアのアドバイスをしていくうちに、「私はどうしてメイクの仕事をしているんだろう？」と考えるようになりました。

肌そのものを美しくするほうが私にとってはもっと意味のある仕事に思えたし、自分の得意なことだし、自分にギフト（才能）があることだと考えたのです。

それにメイクの世界は仕事があったりなかったりとバラバラで、たとえば朝6時から深夜0時まで拘束されるなど時間も不規則。これはもうスキンケアの世界に帰ろう。日本に帰国して、また一から学ぼうと決めました。

帰国後、出身地である神戸のエステティックサロンで、店長として働き始めました。

施術の腕ではなく、セールスで評価された日本

日本のエステティックサロンで働きだしてわかったのは、その当時の日本の美容業界は、大半があくまでもセールスで評価されるということでした。どれくらい売り上げを上げるかということで全体の7割くらいの評価が決まり、技術者のスキルや質は3割程度しか評価されない現実がありました。

私はアメリカに4年間いて、そこで学んだことが日本で生かせるだろうと思っていたのですが、まったくそうではありませんでした。

「えっ？　こんな感じなんだ、日本って」

とショックでした。でも私はすぐにその店で扱っていた化粧品の売り上げ記録日本一を樹立します。

それまで私は自分がセールスに強いということを知らなかったのですが、自分の言葉に確信を持っている人間なので、説得力が違ったのでしょう。それに私はお客さんから何かを聞かれたとき、いい加減なことを答えるのは絶対にイヤなので、ここでも

人一倍勉強しました。でも1年ぐらいすると、「ここで学べることはもう十分学んだな」と思うようになり、独立を考えるようになりました。
東京の中野区に「バハネイル」というお店があります。そこはロサンゼルスで知り合った本間尚美さんという友達のお店。その店と芦屋にあった私のアパートを行き来しながら美容の仕事をしたあと、２００６年、28歳のときに再びアメリカに渡りました。

そこからロサンゼルスで何軒かのメディカルスパを経験し、次にThe Langham Hungtinton & Spa（ランガム　ハンティントン　ホテル＆スパ）、そしてLa prairie spa（ラ・プレリー・スパ）という五つ星のスパに移りました。そのとき私はもう自分のマッサージで名前が売れ出していたので、何百人という希望者の中から一人選ばれて、入店することができました。

しばらくすると、「どうして独立しないの」と周りが応援してくれるようになりました。独立したのが２０１４年。その半年後にレディー・ガガとの出会いです。知人の紹介で彼女に施術を行ったところ、非常に気に入ってくれたのです。
彼女に「このフェイシャルはどれぐらいの頻度でできるの？」と言われ、「別に毎日したかったらできるよ」「じゃ、毎日できる？」「もちろんできるよ」というやりとりから私たちの関係が始まりました。一週間に1日から忙しいときには週7日のペースで、ほぼ4年半、一緒にお仕事をさせていただきました。

彼女の行くところにはどこでもお供をしました。アルバムを発売する前のプロモーションの時期などは、文字通りつきっきりで世界中を飛び回り、日本でプロモーションがあるときは日本にも同行しました。テレビのニュースショーや『ＳＭＡＰ×ＳＭＡＰ』にゲスト出演したときは、テレビ局にもついて行きました。「ジョアン」というアルバム制作のときは、ミュージックビデオなどもほとんど全部、私がメイク前のスキンケアを担当しています。

素顔で挑んだ映画「スター誕生」でのガガのケア

ガガの主演映画「アリー　スター誕生」では、彼女はほとんど化粧をしていません。ブラッドリー・クーパー監督に「ノーメイクに近ければ近いほどいい」と言われていたからです。

素顔で大画面の大写しに耐える肌をつくるのはチャレンジです。でもそのころ、私はすでに彼女の肌を知り尽くしていたので、どうすれば彼女の肌が輝くのかがわかっていました。もともと彼女はきれいで健康的な肌をしているので、私は最小限のケアで最大の効果を出すことに専念しました。

なぜ最小限のことしかしないかというと、いつもと違うことをして肌の調子が乱れると撮影スケジュールまで狂ってしまうからです。だから効果を知り尽くした商品で、わかりきった刺激を与えるケアをしていました。具体的には本書で紹介するようなシンプルなケアです。ガーゼを使い、マッサージをし、パックする時間があればパックをする。もちろん顔だけではなく、体全体のケアも大切です。

そのときの彼女の美しさは、映画を観れば一目瞭然。映画館で彼女の姿を見たときは、手前味噌ですが「なんてきれいな肌だろう」と感動したほどです。

いまの時代はいくらでもコンピュータで映像を修正できますが、この映画では一切修正をしていません。先ほども言ったように、監督が「すべてありのままを見せたい」というポリシーの持ち主で、加工や修正を嫌ったからです。

ガガの「ジョアン・ツアー」に同行したときは、出会いから4年半ぐらい経ったころで、ツアーが終われば彼女が休業期間に入るということがわかっていました。

そのころ私のクライアントは、数人しかいませんでした。なにしろずっと彼女につきっきりでしたから。これから自分のブランドを続けていくうえで、次のステップは何なんだろうと考え、ガガのツアーが終わる前の２０１７年の12月、自分のスタジオを借りて、２０１８年の1月から一般のクライアントに施術を始めました。そのあとはリファーラル・オンリーといって、人の紹介のみでフェイシャリストの仕事をしています。

そしていま次のステップとしてスタートしたばかりなのが、私の名前を冠した新しい化粧品のビジネスです。

私のスタジオはいまアメリカで「美容の駆け込み寺」のような存在になっていますが、化粧品難民のように個々に訪れるクライアントのほとんどの肌の問題は炎症から来ているのが現状。ではその炎症を表面からどう抑えて、肌の免疫力を強化していくのかを試行錯誤した末に出来上がったのが「STRATA」（ストラータ）。

ストラータは英語で「層」という意味で、「肌の層」に働きかけるという意味合いです。紫外線、ピーリングそして加齢などによって失われていく細胞間脂質に着目し、ラメラ構造の構成成分に働きかける処方で、角層における油分と水分のバランスをサポートし、肌のバリア機能を担うために生まれた化粧品です。使った後に、自分で使っているクリームを足していただいても構いませんし、日焼け止めを上から塗るだけでも構いません。炎症を抑えるのはもちろんのこと、本来の肌のバリア機能を修正して強化するためにつくり始めた、基礎中の基礎化粧品です。

振り返れば勢い任せで行き当たりばったりの半生ですが、私の略歴を知っておいていただけると、次の章から述べる具体的な美容法についてより理解が深まると思い、つい長々とお話ししてしまいました。

では、いよいよ次の章から、あなたを美しく変える魔法をお教えします。

CHAPTER 1

「顔」はメンタルからしか変わらない

1

生まれ持った顔を好きになれない女性たち

コンプレックスが、
自分のアイデンティティになっていませんか。

意外に思われるかもしれませんが、美しくなるためにはなんといってもメンタルを整えることが重要です。というよりも、メンタルを変えなければ顔が変わりません。

これはよくある精神論などではなく、本当に、正真正銘、現実にそうなのです。

最近私のもとへ、生まれつき顔の左側の筋肉が弱いというクライアントがいらっしゃいました。そのため18歳のときに手術をしたそうです。顔の左側にはその手術の傷跡があり、それが引き攣《つ》れています。

私は彼女の話を聞きながら、彼女が顔の左側ばかり気にしていると気づきました。

「あなたは左側をカバーしていますよね。それをご自分でわかってますか？」

と聞くと、本人はまったく無自覚です。

施術を始めて、私が顔の左側を触ると、体が硬直するのがわかりました。自分で私のマッサージを受けると決めて予約したのに、おそらく深層心理では私に触ってほしくないと思っているのです。

施術が終了したとき、私はこう言うしかありませんでした。

「あのね、ごめんね。あなたが触られる準備ができないのなら、私は何もできないの。あなたが心の傷を手放すことができないのであれば、誰が触っても、そこの筋肉はずっと硬直しているから」

すると彼女は泣き出してしまいました。

自分が希望してマッサージを受けに来たのに、いざとなると触られたくないという心理は理解できないと思うかもしれません。

しかしこの仕事をしていると、こういうことはよくあります。

人間というのは何かイヤなこと、うまくいかないことがあると、自分の生まれ持った欠点のせいにするところがある。たとえば「恋人ができないのは顔に傷があるせい」とか、「肌が汚いから人前に出る仕事は無理。ということは就ける職種が限られる。その職種はいま募集が少なくて就職できない」とか。

こういう人が大人になると、今度は反対に、コンプレックスが自分のアイデンティティになっていきます。そうなるとなおさら手放せなくなる。手放してしまうと、もう「かわいそうな被害者」ではなくなってしまう。

このコンプレックスがないと生きていく方法がわからないので、無意識に治らないことを願うようになってしまうのです。

2

カウンセラーではないが、心に寄り添う美のスペシャリスト

その人にとっての「心の痛み」がどこにあるのか、顔からわかるのです。

私はカウンセラーではありません。でもクライアントの心にできるだけ寄り添いたいと思っています。そのためには、クライアントのことをよく知る必要がある。でも初対面では、せいぜい見た目しかヒントがありません。

そこで私が注目するのが、「どんな爪をしているか」ということ。

爪は健康のバロメーターだと言いますが、性格があらわれる部分でもあります。爪を噛む癖があったり、異常なくらい深爪をしていたりする人は、神経質な人が多い。これは頭のコリや顔のコリにつながってきます。手を洗いすぎている人もストレスを抱えていることが多い。

甘皮が生えてくるのが気になって仕方がない人もいますが、そんな小さなことが気になるくらいなら、ほかにもよほどいろいろなことを気にしているはず。だからそういう人は、肌についても何かをしすぎていることが多い。それが乾燥や赤みにつながります。

さらに、どれぐらいニキビを気にして自分で潰しているか、潰した部分が傷になっているかというところも見ます。

だいぶ前のことですが、私がまだ20代後半でメディカルスパで働いているとき、40代後半の女性が来ました。彼女はニキビができると、どうしても潰さずにはいられません。潰したあとはシミになっていきます。その方はホルモンバランスの乱れによる肝斑《かんぱん》があったので、ニキビの跡が真っ黒になり、水玉模様のように見えるほどでした。

私は「ニキビを潰さないで」と言いました。でもいけないと言えば言うほど、私のところに来るたびに新しいシミをこしらえてきます。

しまいにはスティックの上のほうに穴が開いた角栓を絞り出す器具でニキビを潰し始め、健康な皮膚まで剥《は》がれてきて、角質層の下の真皮《しんぴ》が見えてしまっている状態でした。

「あなた、何をしているの？」

と聞くと、道具を使ってニキビを潰さないと気になって仕方がないという。

こうなると、もうニキビのせいではありません。何か、彼女の人生の中でものすごくイヤなことがあり、それがすべて顔に出ているだけなのです。

そこで私は、

「もう潰したいだけ潰せばいいわ。その代わりもっとシミができるし、それを治すためにもっとお金がかかるし、もっと時間がかかる。いまのあなたは自分で自分の穴を掘っているのよ。そのことをわかってよ」

と言いました。それから彼女の足は途絶えてしまいました。

私が「お客様に向かって、ちょっと言いすぎたかな」と思い始めたころ、3カ月後にひょこっと現れたのです。顔がめちゃくちゃきれいになっていて、まるで生まれ変わったよう。表情も明るくなっています。そして、こう言いました。
「なんで私、あんな細かいことを気にしていたのかしら。もう吹っ切れたわ。レーザー治療を受けて、またニキビを潰して、またレーザーを受けて、という自分がすごくバカバカしくなったの」

同じような例はまだまだあります。若い女性のクライアントで、体の右側だけ麻痺があるという方でした。顔も右半分に麻痺がある。そして関節に強い痛みを抱えている。

「カイロプラクターから漢方の先生まで、ありとあらゆるお医者さんのところに行ったけれど、誰も私の痛みをとれないのよ」

そう言う口調はなんとなく得意げでした。

私は彼女にこう言いました。

「私がマッサージしてももちろんいいよ。でも私は神経の専門家でもなければ、医師でもない。カイロプラクターでもないからね。ただ単に顔のコリをほぐすだけの人間だよ。それに私はあくまでも美容のためにしているので、治療はできないよ。でも一つわかっておいてほしいのは、あなたが自分の痛みを心からとりたがらないと、誰も痛みなんてとれないよ。なぜならあなたの痛みなんだから。私にもあなたの痛みはとれない。あなたが自分で痛みをとらないと」

やはり彼女も泣き出してしまいました。痛みがあるのは本当でしょうし、苦しんでもいる。でも自分でそれを握って手放そうとしないのです。そうしているのは自分自身だということに気づいてもらわなければ、何も始まりません。

その後、左側の顔の筋肉が硬直していた女性は、1カ月後ぐらいに「左側がすごく軽い。こんな感覚は初めて」というメールをくれました。

なぜ1カ月後かと言えば、私と会った日から自分でマッサージを始めてもらったからです。私が「自分のコリをわかろうよ。もっと自分のことをいたわってあげようよ」という話とともにマッサージの方法を教えたら、一日5分のマッサージを1カ月続けてくれたのです。小さいお子さんが2人いて自分の時間もあまりとれない方でしたが、一日5分のマッサージをちゃんと続けてくれた。

ですから私が一番にクライアントを注意して見るのは、体のなかでも性格があらわれる部分。「どこまで他人の意見を気にするのかな、この人」とか、「何に苦しんでいるのかな」ということを知りたいからです。

特に首のリンパが腫れている人は、すごいストレスを抱えている人が多い。そういう人は常に肩や首に力が入っているので、固くなった首が肩に埋まってしまっている。ですから首を柔らかくしてあげると、全然顔も変わってきます。

3 親から受け取った価値観を引きずらないこと

自分の美しさを否定してしまうコンプレックスの原因は、親との関係までさかのぼる。

別のクライアントに、金髪碧眼の白人美女がいました。彼女はスレンダーな体つきなのに胸が大きく、そして耳の下のリンパが大きく腫れていました。リスが木の実を頬張っているぐらい腫れてしまって、何をしてもこの腫れが治らない。それで私のところにたどり着いたそうです。

私が問題の部分に触ってみると、何かしこりがある。そこをゆっくりとマッサージしていくうちに、だんだん膿《うみ》のような臭いがしてきました。本当なら流れていくべきものが、どうやらここに溜まっているようでした。

2回目の施術で首に埋もれていたあごの線が出てきたときは、「奇跡だわ」と言って感謝され、何度か施術を繰り返していくうちに、リンパのところにあった塊は小さくなっていきました。でも、やはり一般的なクライアントと比べると施術の効果は弱い。

私は「もしかしたら彼女は豊胸手術を受けたのかもしれないな」と思いました。過去にも胸に入れたシリコンに体が反応し、リンパが腫れてしまった女性を見たことがあったからです。そこで私は彼女にこう言いました。

「ここまで体に溜まっていた余計なものを流すことができたけれど、毎回、ちょっと元に戻ってるの。確かに、すごく流れているんだけれど、私が期待するペースでは流れていない。何かがそうさせているのよ。あなた、豊胸手術の先生のところに行ったことがある？」

すると彼女はしばらく黙ったあと、こんな告白をしたのです。

「私のおばあちゃんはすごく胸が大きかったんだけど、私はお母さんに似て胸が小さい。どうしても胸を大きくしたくて、お金をためて豊胸手術をしたの」

たぶん彼女はお母さんからずっと、

「あなたは私の悪いところばかり似たのね。なんでこんなに胸もお尻もないの」

というようなことを言われてきたのでしょう。それくらい親が子どもの容姿について否定的なことを言うと、いつまでも尾を引くのです。

そこで私は「過去にそういう人を見たことがあるから、ちょっと時間があったら、病院に行ってみたら」と勧めましたが、豊胸手術をなかったことにするための手術は、さらに高額なお金がかかります。シリコンを取り出して、きれいに掃除するのは数百万円ぐらいかかる。

だから手術は、できれば最初からしないほうがいい。とはいえ、「私は豊胸手術をするしかないんだ」と思い詰めてしまうと、そうもいかないでしょう。やはりそこまで思い詰める前に、自分を認める勇気、自分を愛する勇気を持つことが大事なのだと思います。

4

美醜を決めるのは、生まれつきの顔ではない

心の持ちようが、そのまま顔に出ます。
そしてそれが蓄積されながら、年を重ねるのです。

人間の顔というのは、けっこう変わるものだということを、実感として知っている方は多いと思います。そしてそれは、心の持ちようの部分がものすごく大きいのです。美しさは生まれつき決まっていて、自分ではどうにもできないと思うかもしれません。でも心の持ちようは、長い間に、顔つきに少なからぬ影響を与えます。

鼻は高いほうがいいとか、目が大きいほうがいいとか、一般的な美の基準はあるかもしれません。でも人間というのは、自分が幸せで、自分に自信を持ち、自分がすべきことを精一杯して自分に満足していれば、それが顔に出てきます。

自分ができる限りのことをして、自分という人間を知っていくことによって、怖いものがなくなっていきます。なぜなら、かくすものが何もないから。

「美人というのは、こういう人のこと」という世間の価値観を自分に当てはめては、はみ出した部分があるとか、足りない部分があるといって嘆《なげ》くのではなく、

「だってこれが私だもの。精一杯生きている私を私は好き」

というふうになれれば、顔の輝きが変わってくる。

老化ですら怖くなくなります。シワさえも祝福したくなる。

私は目尻にシワができたって、

「ここまで私は女性として頑張ったな。なんて美しいことなんだろう。もちろん私は25歳じゃない。でも25歳には戻りたくない。こんなに頑張って生きてきたんだから」

と思います。

反対に、男性が求める理想の女性像とか、女性はこんなふうであるべきという虚像

を追いかけていると、どこにも終わりがありません。自由になるお金と時間があればあるほど、さまざまなエステや美容医療、整形などを繰り返し、結局エイリアンみたいになって、みんな一緒の顔になっていきます。それが果たして、皆さんが求められている理想像なのでしょうか？

そんなふうに自分を見失っている人に冷静になってもらうのも、私の仕事の一つ。

「ボトックス注射とか、ヒアルロン酸注射とか、しなくていいじゃない。自分が持っているものを出し切ると、人間の顔ってすごく美しいんだよ」と言います。

この本を読んでくださっているあなたに向けて、もう一度言います。

人間は、自分の持っているものを最大限に出し切ると、絶対に美しく見えるのです。

5

美しさとは、自分ができることをして、１００％自分を出し切ること

不自然なことをやりすぎると、一生の後悔が残ることも。

私たちはなんとなく理想の顔みたいものがあって、自分をそれに近づけていくことが美しくなることだと思っていますよね。

でも本当はそうではありません。自分の持っているものを１００％生かすことが美なのです。

なぜ自分を100%出し切ると、美しく見えるのでしょうか。

それは自信につながるからです。

自分ができることをしていれば、ありのままの自分だし、これ以上よくも悪くもならない。これが自分だからほかにやりようがありません。

美しさというのは、自分が自分をわかること。自分で自分の花を咲かせ切ること。

仮に整形外科の先生が、ギリシャの女神の顔を「理想の顔」とし、それをベースに、ヒアルロン酸やボトックス注射などをしたとします。**でもそうやって無理やり他人の理想に近づけられた顔は、すでに自分の顔ではなくなっていきます。**

もともと自分が持っていないものを付け足すと、ものすごく変になるのです。目なら目だけを理想に当てはめた場合、自分の持っている美しさのバランスが崩れてしまい、それこそちぐはぐになってしまう。さらにそれをキープアップしようとしていくと、エイリアンのような顔になっていきます。自分じゃないからです。

かくいう私も、実は高校生のときに目を二重にしています。私は在日韓国人ですが、韓国人にとって美容整形は特に恥ずべきことではなく、きれいになるために利用できるものはする、というだけのこと。

私の目は小さくはなかったけれど、奥二重でちょっと長細かったので、小さいころから何となく「大きくなったら目は二重にするもの」と理解していました。目を大きくして男性が好む見た目になるのは、いい奥さんになるための準備の一つ。それが私の前に用意されていた道だったので、それを疑問に思うこともなく受け入れていました。

それくらい親や周囲の環境が与える影響は大きいのです。

考えてみれば私たち日本人の多くが、目が大きくて、顔が小さくて、肌が白い人がきれいなんだと幼いころから刷り込まれています。

「個性のある美を目指そう」ではなく、「この芸能人みたいな顔になりなさい」というふうに小さいころから言われているから、それしかないと思い込んでしまうのです。

一重より二重のほうがいいというのも、周囲から教え込まれた価値観にすぎません。もしも私がアメリカで生まれていたら、アジア人特有の切れ長の目が自慢だったかもしれない。アメリカでは目が大きい人や、鼻の高い人ばかりなので、そこにあまり価値はない。むしろアジア人の小づくりな目鼻立ちが高く評価されるからです。

40代のいま、「もしあのとき整形をしていなかったら、どんな人生になっていたんだろう」とよく考えます。「若いころあんなに迷ってなかったんじゃないかな」と思ってしまう。

別に整形を勧めた親を責めるつもりはありませんが、整形をしないありのままの自分だったら、もっと迷うことなく最短距離で自分の道に行けたのではないかと思うのです。

6 女性同士が互いの美を認め合う世界へ

男性の意識を変えようとするのは、遠回りです。

結局、女性の価値は、顔がきれいかきれいじゃないかというようなことでは一切決まりません。それはみんな薄々わかっていることですよね。

それでもみんな美醜にこだわってしまうのは、異性のことが絡んでくるからではないでしょうか。もし異性の目を意識しなければ、豊胸手術が自分には必要だと信じ込まないはず。

私は女性が女性を、「この人はステキ」「この人は魅力的」と判断するときの、女性同士の価値観をもっともっと広めていくことが、自信につながる第一歩だと思います。

それには相手の小さな変化に気づいたら、「今日、なんだか顔がキラキラしてるね」というように、女性同士が照れることなく声をかけ合うような習慣ができるといいと思います。

アメリカでは最近女性の地位が急激に向上していて、給料も平等になりつつあり、女性の重役も増えています。でもこんなふうに女性の地位が向上したのは、まだこの10年くらいの話なのです。日本から見たらアメリカは進んでいるように見えるでしょうけれど、アメリカですらそうなのです。

たぶんいまのままでは日本の男性は変わらないでしょう。でも私は男性を変えようとするより、女性が変わるほうが早道だと思う。

男性にアプローチするエネルギーがあるなら、私はそれを、女性を変えることに費やしたい。女性が変われば男性も変わらざるを得ないからです。

7

自分を愛する勇気を持って美しくなろう

内面の美しさが、極上の美容液。
様々なクライアントを見てきて、はっきり気づいた。

「人間は自分ができることを全部して、自分を１００％出し切ったときが一番美しいんだ」と確信するに至ったのは、アメリカでメイクの仕事をするようになったのがきっかけでした。

序章で述べたように、「こんなに美しい人がなぜ豊胸手術の傷跡だらけなの？」と驚くことが多かったし、きれいな女性なのにアルコールやドラッグ依存症だったりして、外見と内面が食い違っている例をたくさん見ました。

美容の世界にいると、女性が美しくなる姿も目にしますが、その逆のパターンを目にすることも少なくありません。

たとえばあるクライアントが2カ月ぐらい姿を見せないと思ったら、「ジュミ、顔のシワ伸ばししたから、ここに溜まった余計な水を流してほしい」と顔に傷跡をつくって来たりする。そんなときは、「えっ、あんなにきれいだったのに、なんでこんなことしたの」と呆然としてしまいます。

その人がもともと持っていたすばらしい美が、他の人が植えつけた美の価値観のせいで崩れていくさまを目の前で見るのは、本当に悔しい。

逆に自分のことをすごく愛していて、自信を持って生きていらっしゃる女性にもたくさん会いました。そういう人はたとえ肌がシワシワでも、やっぱりきれいだとしか言いようがない。

顔のコリを触っていると、その人がどれくらい几帳面なのか、どれくらい気が小さいのか、その人の癖や性格がどんどんわかってきます。

そんな観察をもとに考えを深めていくと、「美しさとは安定したメンタルに裏付けられたものであり、人は自分が幸せでないとすごく不細工になる」と思うに至りました。どんなにパッと見はきれいな人でも、メンタルが不安定だと、枯れた花みたいで全然きれいじゃないのです。

私たちがある人をきれいか、きれいじゃないかを判断するときというのは、絶対に顔の造作だけを見ているのではない。たぶん人間には美を感知するとき、その人の内面をも察知するセンサーがあるのでしょう。

私が、「あっ、この人、なんてきれいな人なんだろう」と思う女性は、目鼻立ちがものすごく整っているというわけではないけれど、強いオーラを放つ人です。別の言い方をすれば、惜しむことなく自分を楽しんでいる人。

特に日本の女性は、社会でいろいろなプレッシャーに押し潰されているから、「自分が自分であることを楽しむ」という感覚さえわからなくなっている人が多い。もっと女性であることのすばらしさをわかってほしいし、自分を愛する勇気を持ってほしい。

なぜ自分を愛することに勇気がいるかというと、自分を愛することは、別の言い方をすると、「自分を知り、自分を認める」ことだから。それは、場合によっては世間の物差しと違う、自分だけの物差しを持つことになります。

日本では自分の意見を持つと、自分というものを持たない人たちから、「変わり者だ」とか「生意気だ」とか言われて後ろ指をさされることがあります。だから勇気が必要なのです。

世の中の物差しに当てはまらない意見を持っていることがわかると、周りの人たちはちょっと動揺する。そういう反応を見ると、自分も、「えっ？　これでよかったのかな。ちょっと言いすぎたかな？」と揺れることもある。でもそれでいいのです。それでも自分を貫いていると、徐々に周りのほうが慣れてくれます。「あの子変わり者だけれど、なんか幸せそうだな」という目で見てもらえるようになりますから、心配無用。

美とは、本当に一概には言えないものです。一人ひとりそれぞれの美がある。

「世界に一つだけの花だよ」みたいな言い方は、単なる慰めのような、きれいごとでごまかすようなイメージがあるかもしれない。でもそうじゃなくて本当に一人ひとりの美があり、それは見つけられるものなのです。自分で自分をきれいにできるのです。自分のきれいさは自分で見つけられるものだし、また、見つけないといけません。

「夫や彼氏にきれいだと思ってもらいたいからこうしました」ではなく、「自分がこうなりたいから、こうしました」であってほしい。

髪の毛を切りたいから切りました。痩せたいから痩せました。そうすると自分が気分がいいから、であってほしい。

自分と向き合っていってほしいのです。自分というものを探して、それを見つけてほしい。その自分と大親友になってほしいと思います。

8

自分を愛するとは、自分について詳しくなること

あなたが自分を好きになれないのは、
小さいころに言われた言葉がフタになっているのかも。

「自分を愛する」というと、なんとなくナルシシストみたいな感じがしますが、私が言う意味はそれとはまったく違います。

自分を愛するとは、自分を理解するということです。それには自分と向き合って、「私という人間は、どんなことを幸せに感じて、何を不幸に思うのか」を知ること。他人

が定義する不幸や幸福ではなく、自分はどういうことでときめいて、どういうことですごくイヤだと思うのかを知ってほしい。

特に女性は、「私はここまでは許せます。でもここからは許せません」という自分の枠をクリアにすることが大事です。

なぜなら日本の女性は、小さいころから「女の子なんだから〇〇しなさい」と言われて育ちます。女の子なんだから早く結婚しなさい。そして子どもを産みなさい。つまり人の世話ばかりしなさい、と言われて育つ。その結果、自分のことにあまり目を向けずに生きてきた人が多いと思う。だから大人になっても、自分で自分のことがよくわからない。

私もアメリカに来るまで、自分のことがまったくわかっていませんでした。でも独りぼっちでアメリカで生活していると、自分と向き合わざるを得ない出来事の連続でした。

初めのうちは英語をそんなに話せなかったし、友達もいなかった。職場でも英語が下手だというだけで「ちょっと馬鹿な子」として扱われたり、嘲笑されたり、無視されたりしました。

そういうすごく情けない思いをしながら、真っ裸になった自分と向き合うしかなかったのです。自分しか信用する人がいなかった。だから歯を食いしばりながら「見とけよ。いまは笑っていたらいいよ。でも私の言葉がついてきたら、エステティック業界でトップにのぼりつめてみせる」と常に思っていました。

自分と向き合い、自分を知るということは、初めはすごく怖いこと。でも知っていけばいくほど、すごく心地がいいものです。

9

自分を理解するには、自分に質問すること

幸せじゃないと感じるときがあれば、人と比べたりせず、自分に問う時間を持つ。


「いますごく不幸せです。何をしてもうまくいきません」

という人は、自分と向き合えていないことが多いように思います。

身内を介護しないといけないから。シングルマザーだから。すべて自分の置かれている環境のせい。他人のせい。

肝心の自分から目をそらして、うまくいかない原因を自分以外の何かのせいにしてはいないでしょうか。

では、どうすれば自分のことを知ることができるのでしょうか。

自分を知る早道は、なにか感情のたかぶりを覚えたとき、自分に質問をすることです。

「あれ？　私、いま気分が落ち込んでいるけれど、直前まで何を考えてたんだろう」

「私はなんでこの人がこんなにイヤなんだろう」

「いまなんとなく気分が軽いけれど、理由は何だろう」

というように、自分に質問してください。

頭と心が二つに分かれている人は多いけれど、自分を知るには、感情を手掛かりにすると探している答えが見えてきます。

そうして自分を知っていくと、自分のものの見方の癖がつかめてきます。

それが自分を知るということにほかなりません。

結局、ものごとは見方しだい。いい面と悪い面、どちらを見るかで意味が変わってきます。これは私がアメリカに単身で飛び込んで辛かった時期にしみじみ思ったことです。

ものごとをどう捉えるかで、次の日の朝気持ちよく起きられるか、ベッドから出たくないと思ってしまうかが変わる。それは紙の裏を見るか、表を見るかだけの違いなのだから、いいほうに捉えたほうが得。

ですから私が言う、「自分のことを愛してね」というのは、「自分自身をわかってね」というのと同じこと。自分の性格、自分の許容範囲、自分の大好きなところ。そこを知り、認めてほしいのです。

10

商品選びに失敗したら、半分は自分のせい

目新しい商品に飛びつく前に、自分の肌を知ることが先。

いまはインスタグラムなどのソーシャルメディアもあり、写真を加工する技術も発達しています。こうすればきれいになるという情報も氾濫しています。特に若い世代がそういった世間の「常識」に洗脳されないようにする手助けも、私の任務の一部だと思っています。

10代のころからニキビ対策にホルモンバランスを変える強い薬を飲み続けたせいで、後々の人生においてホルモンバランスの崩れに悩まされる、ということもあります。でもティーンエイジャーのころはそういう恐怖をまったくわかっていない。ですからニキビや吹き出物の薬を飲んでいるというティーンエイジャーのクライアントが来ると、私はよくこう言うのです。

「ごめんね。ニキビがすごくイヤなのはわかるよ。でも通らないといけない道だから、薬は最後の手段にしよう。一生ニキビに悩む人は、誰一人いない。たいていの10代のニキビは、数年の間に治ることだから。ニキビはあなたの体が一生懸命バランスをとろうとしている証だから、何かをするなら薬を飲むのではなく、食生活を変えてみたりお水をたくさん飲んでみたりしたら？　それだけでもだいぶ変わるよ」

情報が氾濫している時代だからこそ、「やらない勇気」も大事です。何が自分にとって必要か、必要じゃないかを見極めて、すぐに飛びつかないこと。

どこかのセレブがクリームを使っていたから自分も使ってみたけれど、かぶれた。どこそこの美顔器を買ってみたら、すごく高かったけれど何も効果がない。こんなとき、半分は消費者の責任だと私は思います。

なぜならちゃんとした化粧品には絶対に成分表が書いてあるし、インターネットでいくらでも情報が得られる。そんな中で商品選びに失敗したら、自分にまったく責任がないとは言えない。自分の肌にどういう成分が合っているのかを理解するのも自分の責任です。

どういう成分が自分の肌にいいか、知っておくのは自分の仕事です。

自分をきれいにしてあげられるのは自分一人。最終的な責任者も自分。自分をきれいにしてあげられるのは、最後は自分しかいないのです。

11 日本人は肌質も美容にかける情熱も世界一。ないのは自信だけ

「小顔が美人」という価値観は、世界基準ではありません。

私はいろいろな国籍のいろいろな肌の方に触ってきました。その結果として思うのは、東洋人は生来、すごくきれいな肌であるということです。
ほかの人から見ても、東洋人の肌がきれいに見えるのは間違いないようで、誰もが「東洋人の肌は美しい」と言います。それなのに、なぜか日本の女性はそのことに自

覚がないのです。そして一番自分に自信がないのも日本女性。

中国や韓国の女性は、比較的はっきりした性格で、自信を持って「私はこう思う」と断言できる方が多い印象です。

これは日本の文化の責任なのですが、日本の女性は自分の持っているものを「持っています」と言えない。私が「すごく肌がきれいですね」と褒めると、「とんでもない！そんなことありません。こんなシミがあって、最近こんなシワが出てきて」と否定します。謙遜《けんそん》もあるでしょうが、それよりもやはり自分の肌の欠点をクローズアップして捉えているように思います。

それに日本女性は、日本でしか通用しない美の基準にがんじがらめになっているところがあり、すごくもったいない。「私は色が黒い」「シミがある」「顔が大きい」から美しくないと思っているなら、考え直してほしい。

たとえば白人女性に「色が白いね」とは言えません。なぜなら彼女たちには、「肌が白すぎるのは病人っぽくて不健康」とか、「色が白いのは恥ずかしいこと」という感覚があるから。ちょっと日に焼けているほうがきれいなのです。

ほとんどメラニン色素のない白人が、日光に当たらない生活を長く続けたとします。

すると肌が白くなりすぎて、やや青みがかったり、ちょっとピンクっぽくなってきたりします。だから、「こんな肌では夏を迎えられないわ」「こんな真っ白な肌では人前に出ていけない」と言って日焼けサロンに行ったり、スプレータン（顔や体に日焼けの色をスプレーして日焼けしているように見せるもの）を使ったりする。

世界中どこでも、色が白いからきれい、色が白いのが美しいと思われているわけではありません。

さらに言えば、顔は小さければ小さいほどいい、というのもアジア人だけの価値観です。ほかの国の人たちは、顔が大きいとか小さいとか、まったく気にしていない。だから彼らは私たちの顔を見たところで、「顔が大きいな」とは思いません。したがってアメリカ人に「あなたは顔が小さいね」と言ったところで、別に褒め言葉として受け取ってもらえません。そこに価値を置いていないからです。

それから私たちは「頭が小さい」ことも、スタイルがよく見えていいことだと思っています。でもそれをアメリカ人に言うと、「えっ、ちょっと、バカにしてんの?」「それ、脳みそが小さいって言ってるわけ?」と悪い意味で受け止められたりもします。

たとえば、私の夫はブラックで身長が１９０センチ以上ありますが、ものすごく頭が小さい。日本に帰るたびに周りから「頭が小さいよね」と言われるのが本当に不思議なようで、「また頭の話？　なんでそんなに俺の頭にこだわるの？」と全然、意味がわかってない。つまり頭や顔が小さいのがいいというのは、アジアだけの価値観です。

どうして私たちが小顔になりたいと願うようになったかといえば、おそらく顔の小さい西洋人にあこがれているからでしょう。

東洋人と西洋人では、骨格が違います。西洋人の顔はだいたい楕円形の卵形です。アジア人は角ばっている。だからそもそも顔の形も違います。

だからあまり気にしなくていい。というより、気にするも何も、頭や顔の骨格は変えられないことです。それならば、ないものねだりはやめて、いいほうに考えていくしかありません。私なんてすごく頭蓋骨が大きいけれど、「ちょっと脳みそが大きいのかな」と開き直っています。

骨を削って小さくする整形もありますが、完全に骨をなくすことなどできません。私はそういう手術をした人の顔を触ったこともありますが、骨が多少薄くなっているだけなのです。あるいはあごを尖《とが》らせたりして、細長く見せているだけ。ただし、二重あごやたるみ、むくみなどで顔が大きく見えているのをなんとかしたい、フェイスラインをくっきりさせたいという意味で小顔になりたいのなら、それはもちろんかなえられる夢です。マッサージでいらないものを流していけばいいだけなのですから。

人種が違うのだから、ないものを求めても仕方がない。私たち日本女性には西洋人の女性にはないすばらしさがあります。そういう部分をもっともっと表に出していけるようになるといいと思います。

12

日本女性のいいところ、アメリカ女性のいいところ

「他人との境界線」を引くことは、そんなに悪いことじゃない。

日本女性のすばらしいところは、我慢強さ、辛抱強さ、細かいところに気がつく注意深さを持っていること。そのうえ頑張り屋さんです。

でも日本の女性は、頑張っているところをあまり周囲に見せない。というか、見せたくない気持ちが強い。それは忍耐力があるということでもありますが、アメリカで

は忍耐強さとかコツコツ地道に努力するということをあまり教えられていないので、「イヤだったらやめればいいじゃない」という人のほうが多数派です。確かに我慢してばかりでは自分が壊れてしまうので、そういう逃げ道があるということを知っていたほうがいいときもあるでしょう。

でもやはり真面目さとか謙虚さというのは、ほかにはない得がたい美点です。日本の女性はそこに自信を持ち、そこで勝負をすればすばらしいと思う。

具体的にはまず、いつも言うように、自分をよく知るところからです。自分はどういう人間かわかることです。皆さんすばらしい才能があって、一人ひとりそれぞれ違う才能を持って生まれています。そこを認識してほしいのです。

自分で自分のことをちょっと褒めてほしい。いつまでも、「こんなんじゃダメ。もっと努力しないと。どうすればもっとよくなれるの」という終わりなき戦いを続けていると、いつかは疲れ果ててしまいますよね。

ですからまずは肌を褒められたときに「いえいえ、そんなことありません、こんな汚い肌」と卑下するのはやめる。そこから始めるのです。

アメリカの女性はそういうバランスをとるのがすごく上手です。自分のことをすごく褒めてあげるし、休憩が必要なときは休憩がいると言える。ある人と距離をとりたければ、「私にスペースをくださいね」と言える人たちなのです。

「スペースをください」とはどういうことかというと、「ちょっとこの子、イヤだなあ」と感じる友達がいるとしましょう。でも日本人は、そういうときでもある程度我慢して付き合いますよね。幼馴染みだからとか、長い付き合いだからとか、そんなこと言ったらかわいそうだからとか考えてしまって、自分の声を無視してへとへとになってしまう。

ところがアメリカ人は、こんなとき自分と他人の境界線が引けるのです。

「ここまではいいよ。でも、ここから先は私のプライベートなスペースだから入らないでね」

とはっきり言える。

幼稚園に通う私の娘も、学校で自分のプライバシーの守り方を学んでいます。それは自分を守るためにする行為であって、別にひどいことでもなんでもないからです。自分を犠牲にするということがない。こういう文化はすばらしいと思います。それが許されない社会は、やはりいつか疲れてしまいますから。

13
娘たちを褒めるときは、容姿よりも行動を褒める

子どもを美しく育てるには、
あなたの言葉が一番強いのです。

アメリカ人は自己主張が強いとよく言われます。英語にもhumbleという言葉があり、「謙虚」と訳されますが、日本でいう「謙虚」とはちょっと価値観が違う。こちらの人の言うhumbleとは、自分に溺れない、ナルシストにならないということです。いつまでも、どんな立場になっても初心を忘れず学べる自分でいるという意味があり

ます。

いっぽう日本の「謙虚」は、「自分を押し殺す」という意味合いが強い。

日本人、特に女性は自分を犠牲にすることが非常に多いように思います。目上の人を立て、夫を立て、家族が最優先で自分は後回しにするように教えられる。そういう文化の中で生まれ育った私たちは、自分に価値が見つけられないし、自分を大事にするということがわからないまま大人になっていく。

私には2人の娘がいますが、子どもたちには自分を認められる人間になってほしいと思っています。生まれた瞬間から、大人へと育っていく中で、女性として自分を大事にする準備をしていってほしいのです。

私は日本で生まれ育って、

「女の子なんだから片付けぐらいできないと」

「男の子にそんなことを言うなんて」

と言われてきました。小さいころからできなかったことばかりを注意されて、あんまりできたことを褒められたことがありません。でもそういう育ち方をすると、自分に自信を持てなくなる。ですから娘たちには、はっきり言って私が受けた教育とは別の教育をするように日々心がけています。

私は滅多なことでは褒められずに育ってきましたが、だからこそ褒められたときの、照れ臭いようなうれしいような感覚はいまだに忘れられません。だから自分の子どもたちには、毎日褒め言葉をあげようと決めたのです。

片付けなさいと10回言って、9回片付けなかった。でも10回目に片付けたら、「ああ、きれいになったね。ありがとう」と言う。しなかったことではなく、したことだけに注目しようと思いました。

だから娘がいいことをすれば、「頑張ったね」と言ってそれを認める。テストの点数が悪かったときも、「ここから何か学べたね。次に学んだことを生かそうよ」と言う。できなかったことを認識するのではなく、できたことだけを認識する。

上の娘はいま11歳ですが、ものすごくしっかりしているし、意志がはっきりしている。「マミーはどうしてそんなに今日機嫌が悪いの」とか、「そんな言い方すると、人の気分を害することがわからないの」とか、私がドキッとするようなこともよく言います。

もちろん外見についても褒めています。私の子どもはブラックとアジアの両方の血を引いているので、とてもエキゾチックな感じなのです。だからあなたにはそういう魅力があるね、というように持っているものを褒める。

そのいっぽうで「あなたは人に思いやりがあっていいね」と、見た目だけでなく、彼女のあり方をすべて褒めてあげたいのです。

できれば「目が大きくてかわいいね」というような生まれつきの部分ではなく、「その髪型すごく似合ってる」「今日はそのパンツを選んだんだ。すごいカッコいいじゃん」というように、彼女の行動を褒めるようにもしています。

子どものころに親から言われた容姿に対するマイナスの評価は、一生引きずります。お子さんがいる方は、できればポジティブな言葉をたくさんかけてあげてください。

もちろん、自分自身を褒めることも忘れないでくださいね。

14 アンチエイジングで、一番にケアすべきは「心」

内面の若々しさにもつながるのが、マッサージの効用。


「実際の年齢よりも老けて見られる人」って、どんな人だと思いますか？

「目の下にクマがある人は老けて見られる」とか、「ほうれい線がある人は老けて見られる」とか、いろいろあると思います。

そういう表面的な特徴をあげるのは簡単なのですが、結局、私が一番わかってほしいのは、「自分の心が幸せじゃないと、老けて見られる」ということです。

仮にマッサージや日々のスキンケアを頑張っていたとしても、自分で自分のことを好きで幸せだと思えない限り、どうしても年齢よりも老いて見られがちです。

逆に言うと、幸せで、心が潤っていると若く見られる。

自分に満足している人は、どんなに忙しい日々でも、自分と見つめ合う努力をされています。仕事に追われていても、家族のケアで目が回るような日々でも、何か必ず自分の健康に関わることや肌の美容にもつながることをしているわけです。自分で自分のことを生かす努力をしている人が一番きれいに見える。

アンチエイジングというと、どうしても自分の顔を見て、「ここが若いころと違う」「ここも」「あ、ここも」というふうに数え上げがちなのですが、それは逆効果です。やはり自分にないものを数えていくのと、自分にあるものを認識している人は人生のあり方が変わってくる。自分の体を大切にする仕方も変わってきます。

人間なので、「ここはこうだったらいいな」というところは必ずありますが、でもそんなことを言ったところで始まりません。なぜなら若い自分に帰れるわけではないからです。20歳の女性と自分を見比べて、ああ、肌のハリ、いいなあとうらやんだところで時間の針は巻き戻せないからです。それよりも、「自分のいまを祝福しよう」という生き方でいたほうが人生楽しくはないでしょうか。

反対に若い子に、ああ、あんな40代になりたい、あんな50代になりたいと思ってほしい。「年をとって全然怖くないことじゃん、カッコいいことじゃん」とよい年齢の重ね方の見本を見せてあげるべきではないでしょうか。

アメリカでは自分のことを愛していて、すごい自信を持っていて、カッコいいなという女性も多い半面、そうじゃない女性もいる。ただ、こちらは自分を愛することは大事なことだという認識が強いから、「シワが増えても、お互いよかったと言い合おうね」ということが言える国です。

私のクライアントには、70代、80代の女性がいますが、彼女たちは実にすてきです。もちろんシワやシミもありますが、毎日エクササイズをして、食生活にも気を使い、息抜きもしている。

自分で自分のベストフレンドになるにはそうして自分をいたわるしかないんです。ないものを求めても、いつかどこかで終わりが来る。自分の顔、自分の体で一生生きていけるすばらしさを追求してください。

15

姿勢が原因のゆがみは
マッサージで治せる

スマホ依存がよくないのは、メンタルだけでなく、
体の理論からも明らかです。

最近、ちょっと怖い話を聞きました。現代人はうつむいてスマホを見る時間が長いので、昔の人間にはなかったシワが首にできているそうなのです。英語で"tech lines"（テクノロジーのシワ）と呼ばれています。

頭が前屈みになっていると、重い頭は首の筋肉を強く引っ張ります。その状態が長

く続くと、頭が左右どちらか一方にずれてくる。筋肉と骨はすべてつながっていますから、筋肉や骨もそれについていきます。

もちろん肩や首もこります。右側がいつもこるとか、左側がこりやすいとか、人間の体はどちらかがこることが多いと思いますが、顔のコリも左右どちらかに偏っていることが多い。そしてこっているほうにニキビや吹き出物が出やすいのです。右がこっていれば、右に吹き出物が出やすい。なぜかと言えば、血流が悪いから。すなわち老廃物が流れにくいからです。

そしてコリが何年も続くと、背骨がゆがみ、骨盤がゆがみ、脚もゆがんでいく。もちろん顔のバランスもなんとなく崩れてしまう。何らかの原因で骨格そのものが不均衡なため顔がゆがんでいる場合は限界がありますが、首や肩のマッサージを受けて、自分でも気をつけて運動したり、正しい姿勢をとるようにしていれば体のゆがみは戻っていきます。さらに顔をマッサージすれば、コリからくる顔のゆがみは、だいたいとれていきます。

スマホやパソコンを使っているとどうしても姿勢が悪くなりますが、常にストレッチして、胸を開くように心がけてください。すべては細かい意識の積み重ねです。

CHAPTER 2

肌トラブルは「炎症」から治す

16

8割の人が炎症を持っている

強すぎる洗顔とメイク落としを見直して。

この章ではさまざまな肌の悩みについてお答えしていこうと思います。

まずは多くの人が無自覚に持っている肌トラブルの代表格、「炎症」についてお話ししましょう。

炎症は、体が傷を受けた部分を修復しようと血液中の細胞を大量に送りこむため、その部分が赤くなったり、腫れたり、熱を持ったりすることです。ただし軽い炎症の場合、見た目は「ちょっと赤い」という程度。本人も無自覚で、気がつかないことが多い。

でもこれが持続された状態が続けば老化の原因になります。私がいままで顔を触らせていただいた方の中で、約80%の人が何らかの炎症を持っていました。

炎症の理由はたくさんあります。頬だけが赤いという部分的な赤みは、アトピーだったり、その部分をこすりすぎ、触りすぎが原因のことが多いと思います。

顔全体が赤くなる場合は、ストレスとか、きつい化粧品を使いすぎているとか、アレルギーなどが原因のことが多い。

このように原因はさまざまですが、原因がどうであれ、炎症のあらわれ方は全部同じで「赤み」「乾燥」としてあらわれます。つまり、肌の赤みを放っておいてはいけない。アンチエイジングは、炎症を止めることから始まります。

ではどうやって止めるかですが、まずは洗顔方法を変えることです。

顔を洗うときに自分の肌から分泌される自然のオイルを洗顔料で奪いすぎると、炎症のうえにもっと炎症を引き起こしてしまいます。のちほど詳しく説明しますが、洗顔料を使わず乳液などでお手入れするのも一案です。もちろんスクラブのやりすぎや、ゴシゴシこすりすぎたりも禁物。奪いすぎるのをやめると、大半の人の赤みはなくなっていきます。

また、アンチエイジングを謳《うた》う化粧品には、ほとんどすべてに赤みを起こす成分が入っています。なぜなら表面からのアンチエイジングのためには、肌の表面から刺激を与えて活性化させないといけないから。

ということは、もともとアトピー性の赤みがある方は、ピュアなヒアルロン酸の化粧水またはセラム（美容液）、そしてワセリンやニベアのような、成分表に書いてある成分が少ない商品で表皮の乾燥を守ることが一番大事。

ちなみに赤みをひどくするアンチエイジングの成分は、グリチルリチン酸やサリチル酸、レチン（Retin-A）など酸性のものです。アルコールが多いもの、ビタミンCなどのなかにも赤みを起こすものもあります。

ほかにも、赤みが出ている人は、だいたいクレンジングの方法がよくありません。たとえば強いメイク落としを毎晩使っていたりする。

オイルのメイク落としのなかには、使っているうちに乳化して白くなるタイプのものがありますね。あれは確かにメイクをきれいに落としてくれるのですが、それだけでなく肌の油分と水分も持っていくので、顔がパリパリに乾燥してしまいます。

でもオイルを使わないとメイクの成分が落ちにくいのも事実。そんなときは強いクレンジングはマスカラを落とすときだけ使うというように、メイクの濃い部分だけに使えばいいのです。ほかの部分は添加剤が入っていないオイルクレンジングで洗ったあと、ガーゼなどでとっていきます。肌に残った油がニキビの原因になりそうで気になるなら、最後まできれいにガーゼで拭きとれば大丈夫。

ほかにも太陽を浴びないとか、ウイスキー、ウォッカなど糖分のきついお酒をやめるとか、炎症の原因を体内から防止してあげることで、肌の構成がまた変わっていきます。それだけでも肌のハリが出てきたり、明るくなってきたりする。

自分に炎症があるかどうかは、洗顔後にしばらく何もつけない状態でいることでチェックできます。何もつけなくても変化がなければ健康な肌ですが、炎症がある人は、顔を洗ったあと何もつけていない状態でいるとだいたい赤みが出てきます。

17

マッサージで炎症を抑える

毎日顔を触って、老廃物を出しましょう。

炎症を起こして肌が赤くなっているときは、いじるな、触るなというのが通説だと思います。でも私は、マッサージをしたほうが炎症は早く治るという考えです（もちろんゴシゴシこするのではなく、指圧のようにポイントで押したり、弱い力でさすったりするだけです）。

なぜマッサージで炎症が治るのでしょうか。

まず、コリで顔の筋肉が突っ張っているとリンパが流れなくなるので、老廃物が肌にとどまり続けます。そうなると赤みも出てきますし、顔がむくんだりして吹き出物の原因にもなります。マッサージをして老廃物を出してあげることで、赤みが消えていくというわけです。

たとえば鼻が詰まっているのも炎症の一種なので、目の下、頬骨のあたりをマッサージして流してあげると、鼻腔《びくう》の詰まりがとれます。

最初は「マッサージで赤みが消えるなんて、本当？」とマッサージの効果を疑う人も、「本当のあなたの肌はこんなに赤みがないんだよ」ということを見せてあげると、信用するのです。

ただしマッサージしてもいいかどうかは、赤みの原因にもよります。

たとえば顔をこすりすぎて赤くなっていたなら、顔をこするのをやめたらいいだけの話だし、何か化粧品が合っていないならそれを突き止めて使用をやめればいいし、皮膚の内側から来ているのであれば、ポイントの指圧などをしていくことで赤みも消えていく。つまり「私の肌はこういうものを使うと赤くなる」という原因を知らなければいけません。

「一般的にこういう成分からは離れたほうがいいよ」ということは言えるのですが、やっぱり人の肌はそれぞれ違います。何が赤みを起こすかも人によって違うので、「私はこの成分を使うと赤くなる」ということをわかってほしいのです。

自分をもっと観察してほしいと思います。

18 炎症は皮膚科で治せる？

ステロイドに頼るのは、対症療法にすぎません。

「肌に炎症があるなら、皮膚科に行けばいいのでは？」

と思うかもしれません。確かにそうなのですが、残念ながらお医者さんは一人ひとりの患者にかけられる時間がそれほど多くない。だから「とりあえず症状をなくすためにこのステロイドという薬を使ってください」という対症療法になります。

ステロイドを使えば、赤みやかゆみは、一時的にはなくなるでしょう。しかしステロイドをやめたときに、もっと赤みが返ってきたりします。

ですから明らかに病的に赤みがひどかったり、膿が出るような人は、病院に行って薬を処方してもらうべきですが、生活習慣から来る赤みは食生活を見直したり、ストレスをコントロールしたりするしかありません。

実は私も、乾癬《かんせん》といって、アトピーによく似た赤い発疹がひじと膝に出ます。

最初は22歳のころ、メイクの仕事をしていたときです。ストレスで、ある日赤い斑点が背中にでき始めました。乾癬ってかゆいのです。掻《か》かずにはいられず掻いていると、赤い発疹がどんどん大きくなっていく。背中から全身に広がり、ついには足の裏やかかとにまで広がってきた。「これはおかしい」と病院へ行ったら乾癬だと言われ、処方されたステロイドをずっと塗っていました。

でも何かストレスを感じるたびに再発する。ステロイドを塗っても症状を抑えるだけで、根本的な治療にはなりません。

やがてステロイドを塗り続けているうちに、肌が薄くなっていくのがわかりました。

何かの拍子にものが当たったりすると、神経がむきだしになっているようですごく痛い。発疹も以前よりできやすい。薬を塗っていたのは自分ですから、そういう肌に自分でしてしまっていたのです。

それから2年間ぐらいステロイドを使っていましたが、こんなことを繰り返していても仕方がないと気づいた。そこで一切やめて、生活習慣を見直すことにしたのです。ヨガをしたり、瞑想したり、ものごとの見方を変えようとか、甘いものをとらないようにしようとか。その結果、いまはかなり落ち着きましたが、でもいまだにちょっとストレス過多になると、赤みが出てきます。

いまでは自分の心の状態を測るバロメーターだと思って、うまく付き合っています。

19

老化はなぜ起こる?

繰り返し肌を活発にさせるには、
マッサージしかない。

たるみやくすみ、シワはなぜ生まれるのでしょうか。
それは年齢を重ねて肌細胞の元気がなくなっていくにつれて、活性機能がどんどん衰えていくからです。コラーゲンを作る機能も遅くなっていきます。細胞自体が弱くなってきているからです。

子どものころはうっかり手を切ってもすぐに治りましたが、大人になるにつれて傷口が治りにくくなっていく。これは肌の修復の機能が衰えているからなのです。

じゃあどうすれば、それを最大限に食い止めて、再び活発にすることができるのか。

それはマッサージです。

マッサージにより皮膚組織中の真皮にある線維芽細胞が刺激され、アンチエイジングには欠かせないコラーゲン産生を促し、表皮においては、ターンオーバーが促進されます。要するに、血流を活性化させてあげると、肌がもともと持っている再生機能がどんどんまた活躍してくれる。なぜなら血流がよくなることで、栄養素である酸素量が増えるからです。そうすることで自分の肌を最大限のいい状態に持っていってあげることができる。

いま一般的に普通のフェイシャリストがしているアンチエイジングは何かと言うと、レチンを使用したり、ピーリングやマイクロダーマブレーションなどで肌を強制的に傷つけたりすることで、肌が傷を治そうとする作用を利用しているものが多いのです。

でもいつかは、傷をつけるペースに再生が間に合わなくなっていきます。ですから肌が修復しきれないまま、それを繰り返していくと、本当は肌の中にいないといけなかったはずの未熟な角化細胞が、外に無理やり出されてしまう。だから、かぶれやすくなったり、炎症が起きたり、かゆみが起きたりする。

ときどきならしてもいいけれど、本当にスペシャルな日の前々日くらいだけにしておいたほうがいい。もともと健康な肌であれば、自分で活性化する機能があります。無理やりそれを引っ張り出さなくても、肌が自分でできることを信用してあげたほうがいい。それが、私のアンチエイジングのアプローチです。

20 結局はマッサージに行きつく

顔の外から変わって、皮膚の下を活性化させ、
内面も豊かになる手の魔法。

表面細胞を傷つけて活性化するメソッドを行うフェイシャリストは、それが本当にアンチエイジングにいいという信念があってやっているのか、あるいはそれがある程度常識となっているからそうしているのか。おそらくその両方でしょう。エステ学校に行ったらそういうことを教えられて、サロンで働いたら、「この機械を使って、こ

のブランドのこういうピーリングを使ってね」と教えられます。言われた通りにすると、ある程度、肌は変わったように見えるから続けてしまう。

でも中には、私のように「これ、変わってないでしょう」と思っているエステティシャンも、おそらく何万人といると思う。

でも私はほかのエステティシャンを批判しているわけではありません。私もそういうエステティシャンの一人だったし、そういうことを繰り返してきた「プロ」の一人だったから。ですから、私がいま効果を一番信じて注目を置いているのがフェイシャルマッサージなだけであり、ほかのエステティシャンは個々の信じることを思う存分すればいい。ただいつかは必ず行き詰まるはず。なぜなら機械だけではそんなに顔は変わっていかないからです。

ただ、それに代わる方法として、何をすればいいのかわからないのでしょう。そこでマッサージをしようかというところには、まだたどり着いていないのかもしれない。

でも私のようなエステティシャンがいることで、いまフェイシャルマッサージは注目を浴びていて、マッサージをするエステティシャンは徐々に増えつつあります。

マッサージを行うことで、自然な形で修復を促してあげるのが一番、自然な形の美しさが手に入る。自分の細胞が精一杯できる可能な限りのアンチエイジングだからです。

マッサージ＝自分と見つめ合うということ、自分を知るということ。「自分はもうこれでいいんだ」と、自分の持っているもので幸せになってほしいのです。ですから雑誌などを見て、ああ、あんな肌になりたいというものは結局、コンピュータグラフィックで人工的に描かれた肌です。誰も実際にはあんな肌ではない。私は実際、そういう撮影現場でお仕事をする機会があるので、わかります。

消費者たちは、嘘のイメージを追いかけて、次はこれを使えばいい、あれを使えばいい、どこどこの誰々に見てもらえばいい、このレーザーをしたらいい、ということを繰り返している。その挙句に肌がどんどん傷んでいって、結局、最後にはもうどうしたらいいのかわからなくなっている。私のところにはそういったクライアントもたくさん訪れます。いわば、スキンケア難民の駆け込み寺でもあります。

21

揉めば、傷は消える

治癒したあとの傷跡は、触ってあげてください。
コンプレックスまで消えていきますから。

顔にケガなどの傷跡があると、周囲は気にしていなくても本人は気になるものです。傷は触ってはいけないと言われますが、もう治ったあとなら、揉んだほうが小さくなります。

傷跡とは皮膚のコラーゲンが変形したものです。ですからそこの部分はもう治せない。でも、その周りは普通の細胞なので、そこを活性化してあげれば、傷跡の変形したコラーゲンがちょっと柔らかくなっていくのです。ですから感覚なども変わってきますし、ガチガチの傷より柔らかいほうが、メイクなどもしやすい。

あるクライアントは非常に裕福な方で、お姉さんは有名な皮膚科医の先生でした。50代で初めて私のサロンに来たとき、頬にクモの巣のような火傷《やけど》の跡があったのです。

「あれ、この火傷どうしたの？」

と聞くと、日本でも高級美容液を販売している、有名な美容の先生のもとでブルーピールをしたことがあると言います。ブルーピールとは顔に青い液体を塗られて、それを7時間放置すれば、いわば皮膚の表面がめくれてその下のきれいな肌が出てくるというものです。おそらく、彼女の肌にキツすぎたのか時間を置きすぎたのか、結果的にそのピーリングが筋肉まで浸透したのでしょう。網目のような傷跡になってしまっていました。

皮膚科医のお姉さんが、できる限りのことはしてくれているけれど、でももうこれ以上は何もできないと言われたそうです。彼女と話し合った結果、私がケアすることでどこまで変わるか見ていこうという話になりました。

実際、毎回来るたびに、流すべきものを流し、その流れ方を変えてあげるだけで傷跡がどんどん小さくなっていきました。3、4回目くらいに彼女が、

「傷跡、小さくなってない？　そんなことってあり得るの？」

と驚きの声をあげました。

なぜこんなことが可能になるかといえば、傷跡の周りの細胞を活性化させてあげることで、そこがどんどん毒素を流してくれるからです。だから傷跡の光り方も変わってくるし、赤かったところの赤みがなくなっていく。もういままでは、50％ぐらい小さくなったと言えるのではないでしょうか。完全になくなることはないかもしれないけれど、メイクで隠してしまったらほとんどわからないと思う。

ニキビ跡などはどこまで深いニキビなのか、度合いにもよりますし、いぼなどが残っている場合、そこがシミになっていたりします。あまりにも気になるシミやニキビ跡などは、フォトフェイシャルのような優しいレーザーを何度か受けるといい。いま、レーザーの技術はすごく発達していますから、傷跡も少しずつ目立たなくなっていきます。

あきらめずにちゃんとマッサージして、血流をよくすることで細胞が活性化する。それが、自分でできる一番の改善の早道です。

22

ニキビは食生活が8割

気になることがあればアレルギーテストを。
自分の体質をより知るきっかけになります。

ニキビを改善するには食生活が何よりも大事です。ニキビでお困りの方のほぼ8割くらいが食生活を改善するだけで変われます。

具体的に言うと、油もののとりすぎ、甘いもののとりすぎ、何らかのアレルギーがあって、それにまったく気づいてない人。本当は乳製品を食べられないのに食べている人など。

腸に炎症を起こしやすい食べ物を避けることがニキビ予防の第一歩です。ミルク、乳製品は、タンパク質を消化する酵素が腸になければいけないのに、その酵素がアジア人には少ないと言われています。乳製品に限らず、豆とか小麦などのアレルギーが原因のこともあります。

ですから、私がニキビのある人にまず初めに言うのは、「アレルギーテストをしましたか？」ということ。食料品のアレルギー、花粉症など季節性のアレルギー、ハウスダストのアレルギーなど、それらをすべて検査して来てくださいと言います。

ニキビは思春期特有のものと思いますが、アレルギーが原因の場合は、年齢に限らず出てきます。ニキビなんてなかったのに、45歳からすごく吹き出物ができたという人もいらっしゃいますし、反対に10代のときにすごくニキビがあったのに、一切なくなったという人もいます。

あごの線だけにできる人、やたらとおでこにできる人もいる。

実はあごのラインの吹き出物はホルモンバランスの乱れが原因で、口の周りの吹き出物は腸の荒れが原因だと言われています。

たとえば何かを食べて、おでこにブツブツができたりするのはちょっと軽い炎症。口もとやあごはそれよりちょっと深刻、というように、顔の下のほうにくればくるほど、炎症がひどいと言われています。

便秘のときってニキビができたり肌がくすんだりして、調子が悪くなるでしょう。腸内で発生した悪玉菌が血液に入り込み、肌に影響を起こしてしまうのです。それが乾燥などの原因になり赤みが出てきて、かぶれやすくなったりする。

よく「私の肌は敏感だ」などと言っている人がいますが、乾燥が肌を敏感にしているケースが多く、乾燥肌の多くの原因は食生活にもあります。

結局、根本は体の健康。そこを改善すれば肌も変わります。

23

うぶ毛の悩みが消えれば、もっと気持ちが軽くなる

肌に負担をかけるカミソリは、
躊躇せず使い捨てること。

30代になってから、鼻の下のうぶ毛が濃くなったような気がするという女性がいました。残念ながらそれは気のせいではありません。女性でも年々体毛は濃くなっていきます。年齢とともに女性ホルモンの分泌が少なくなっていくためです。

とはいえ、日本女性のうぶ毛など薄いほう。アメリカにはいろいろな人種の方がい

ますが、日本人とは体毛の生え方が違う。中近東の方は、女性でも口の周りや頬に黒い濃い毛が生えるので、そういう人は「エレクトロジスト」という、毛穴を一つ一つ焼いて生えなくする脱毛や、ワックス脱毛などをしています。

でも、日本人や韓国人のようなうぶ毛程度ならばカミソリで剃ってしまえばいい。顔剃り用のよく切れる小型のカミソリを使って３週間から４週間に１回剃ればＯＫです。

ただしカミソリによる剃毛は、角質を落としているのと一緒なので、やりすぎると肌が過敏になってきます。毛は肌を守ってくれているものの一つなので、それがなくなるということは、肌がそれだけ無防備になるということ。ですから気になるならば３週間から４週間に１回など間隔を空けて、もしくは大切なイベントの前日などに剃るようにしましょう。

剃るときは石鹸やクリームなどをつけることが多いですが、私が好む方法は、何もつけずに、乾いたきれいな肌を指で伸ばしながら剃る方法です。なぜなら、石鹸などをつけるともっと炎症になったりするからです。ですからきれいに洗顔して、きれいにタオルで拭いたあと、何もついてない状態で、ちょっと皮膚をストレッチしながら剃っていってほしいのです。

毛の流れとは反対方向から刃を当てる「逆剃り」は、肌に負担をかけるのでよくないと言われますが、そうしないとちょっと剃りきれないところがあります。ですから逆剃りしてもいいのですが、何度も何度もしないでほしいのです。一度、二度だったら大丈夫です。

そのあとはタオルか何かで拭いたあと、いつもと同じように化粧水やセラム、クリームをつけて終了。いつもより少ししっとりしたものを選ぶと、肌も喜ぶでしょう。

ちなみに顔を剃るとき、「錆びてないからまだ使える」と思って、同じカミソリを何回も使っていませんか？　実はカミソリは使い捨てが基本。私は毎回、新品のカミソリをおろしています。なぜなら一回使うと、目に見えない菌やウイルスが付着しますし、切れ味も鈍くなって肌に負担をかけるからです。

それほど高価なものではないので、消耗品と心得てください。

24

たるみの原因は、重力だけにあらず

実はたるみの抑制には、コラーゲンが大活躍しています。

日々少しずつ進行する「たるみ」。

たるみは筋肉の衰えと骨の老化、そして肌のクッションとなるコラーゲンがなくなってきて生じる現象です。意外なところでは、むくみのように、水ぶくれの水分の重みのせいでたるんでくることもあります。

筋肉を鍛えることでたるみは改善しますし、予防もできるのですが、もともともののすごくカチカチにこっている筋肉は、鍛えようとしても効果が出ません。つまり、もう鍛えられるだけ鍛えられているわけだから、それ以上コリをつくったところで、別によくもならない。むしろコリがどんどんひどくなっていくわけです。

反対にコリをとってあげると、その周りの皮膚が活性化されることでコラーゲンの生成量が増えていきます。

まずはほぐしてあげて、それから顔のトレーニングをしたいのであれば、いいと思います。それよりストレッチです。第4章を参考にして、ストレッチをするようにしてください。

25 オイリー肌さん・色白さんの教訓

脂性《あぶらしょう》の方には、水分の多い美容液が効果的です。

脂性で、すぐに鼻やおでこに脂が浮いてくるのが悩みだという人がいます。洗顔のあとはベタベタしそうだから化粧水しかつけず、乳液やクリームはつけないのだとか。でもそうすると、やはり肌は水分を失ってしまいます。

オイルの量が多いのだったら、もっと水分のものを付け足してあげると、バランスがよくなってきます。化粧水やヒアルロン酸系のセラムなどを使ってあげると、肌の色が変わってくると思います。

「ヒアルロン酸ベースの透明なジェルをください」と言えば、販売員にもわかりやすいはずです。

いっぽう、あまりオイリーではなく、そばかすができやすいのが悩みだという人もいます。そういう方は、そのぶん肌が白い。生まれ持ったメラニン色素の違いです。日に焼けると、こんがり小麦色に焼けるというより、赤くなって皮がめくれて終わるタイプです。

このタイプは、皮膚がんなどに一番気をつけないといけません。紫外線防止に力を入れましょう。詳しい日焼け止めクリームの選び方は、のちほど詳述します。

もともと肌はきれいだから、紫外線から肌を守り、持って生まれたものを痛めつけないようにだけ気をつけましょう。

26 祖母の鏡台から学んだこと

体の疲れはベッドの中で、顔の疲れは鏡の前で、毎晩癒し切ること。

私の父方の祖母は、私が生まれる前に亡くなりましたが、母方の祖母のことはよく覚えています。

祖母は京都で夫とともに反物屋さんを経営しており、忙しい日々を送っていました。不動産業や金融業みたいなこともしていましたし、子どもが7人もいたし、職人さんたちも30人ぐらい抱えていたので、彼らのお昼ご飯を毎日つくって、それを自転車で仕事場に届けていました。いまのように家電が発達していたわけでもないし、いろいろなサービスがあるわけでもないので、想像もつかないくらい目まぐるしく働いていたと思います。

それでも夜、一日の仕事が終わると、いつも自分の鏡台の前に座り、昔からある資生堂のドルックスというクリームで、必ず顔を5分から10分ぐらいマッサージしていたのです。そうしながら化粧を落として、日々の疲れを落とす。それが彼女の一日の締めくくりでした。

もちろん当時はヒアルロン酸注射もなければボトックスもありません。でも祖母は高齢にもかかわらず、ものすごくきれいな肌をしていました。

祖母の認知症が悪化して入院したとき、病院にお見舞いに行ったことがあります。

「眉毛がボーボーだから、きれいにしてちょうだい。お客さんが来たら恥ずかしくて、誰にも顔を見せられへん」

と言うので私が眉毛をきれいにしてあげて、ちょっと顔にクリームを塗ってあげたらものすごく喜んでくれた。

「じゃあ、あなた、病室を回って、みんなの眉毛をきれいにしてあげてお金を稼いできなさい」

と言って２０００円を渡してくれた。そんな状況の中でも商売のことを考えていた祖母。彼女の血を受け継いでいることをとても誇りに思います。

87歳で亡くなったときは、私が死化粧をしてあげました。軽いファンデーションを塗り、叔母に借りた口紅で少しだけチークをつけてあげただけで、本当に眠っているようなきれいな顔になっていました。87歳の肌には見えないぐらいツルツルで輝く真っ白な肌でした。

私が「一日5分でいいからマッサージをしてほしい、自分をいたわる時間を持ってほしい、そうすれば何歳になってもきれいでいられる」と口を酸っぱくして言い続けているのは、この祖母の姿を見ているからなのです。

プロフェッショナルとしての経歴を重ねつつ、きれいでいたいという精神をなくさずにいれば、年齢を重ねても一生きれいな肌でいられる。女性の美容は、自分に時間をかけること、自分を愛してあげること、自分を見つめることに尽きるのです。

27

私が目標にしている カッコいい大人の女性

グレイヘアも剃《そ》り上げた頭も、その人の人生に寄り添った姿は美しい。

私の祖母はすごくすてきな女性でしたが、ほかにも年齢を重ねてもすてきな女性はたくさんいらっしゃいます。特に若いころからあこがれているのが瀬戸内寂聴《じゃくちょう》さん。私は10代のころからあの方が大好きで尊敬しています。

寂聴さんは若いころからいろいろなことを経験し、50代に入って尼僧になられた。

お顔を拝見するだけで、なんて輝いているんだろう、すばらしい人生を歩んでこられたのだな、と思います。

もうお一方がファッションデザイナーの島田順子さん。お会いしたことはないのですが、インスタグラムを見ていたら、ポッと彼女の写真が出てきたのです。「あれっ、これ誰？」と一瞬わかりませんでした。昔、私の記憶にあった島田順子さんとは印象が変わったので、ちょっとわからなかったのです。

いまの島田さんは白髪を染めずに高く結い上げ、おそらくファンデーションは塗っていない。日に焼けた肌でタイトスカートに素足でピンヒールを履いたりして、すごくカッコいい。顔のシミなどもおありなのですが、それをまったく隠していない。

お二方に共通しているのは、自分なりのスタイルがあるところです。

他の人から見ると、ちょっと変わっていると言われてしまうタイプの人たちかもしれない。でもあのにじみ出てくる輝きは外から見てもわかるし、自分でも心地がいいはず。

それを惜しみなく出している感じがカッコいいなと思います。こういうふうに生きていきたいものです。

CHAPTER 3

自宅でできる極上フェイシャル・トリートメント

28

単なるマッサージがなぜここまで効くのか

日中の緊張や疲れは、顔にも蓄積されています。

ここまで読んでくださった方にはもうおわかりでしょうが、私のお伝えするマッサージ法は、一日5分でいいので「毎日」続けることがとても重要です。そのためにはお風呂や洗顔など、すでに習慣になっていることをする時間にマッサージをプラスするといいですね。

お風呂に入るとき、シャワーを浴びるとき、顔を洗うときに、体の汚れと一緒に自分のその日のストレスを流すつもりでマッサージすると、さらに効果が上がります。気持ちが緊張したままでは、いくらゴリゴリしてもコリはとれません。リラックスできるときにマッサージするのが、効果を最大に引き出すコツです。

人間は寝ている間も、体の緊張は完全にとれていません。眠っていても顔の筋肉に力が入っているのです。

寝ているときの歯ぎしりがどこから来るかと言えば、歯の噛み合わせ、または日々のコリからです。日中に首、肩、背骨がずっと緊張しているからです。それをまず精神面からほぐすには、次の章で述べるように、寝る前に瞑想したり、たとえ数分でもいいから自分ひとりになれる時間を持つなど、頭の中を「無」にする習慣をつくりましょう。

現代社会に生きている私たちの多くがストレスを抱えて生きています。それとどうやって向き合っていくのかを考えることが自分と向き合うことの一つです。

個々のマッサージのやり方はのちほど紹介しますが、もしも歯ぎしりで悩んでいるなら、耳の下の、上あごと下あごがつながっているところにある、「咬筋《こうきん》」という大きな筋肉を、円を描くように優しく押してあげてください。続けるうちに、「ここ、ちょっと痛いけれど押していると気持ちいいな。もうちょっと長いこと押してあげようかな」

というように、自分のコリの感じ方がわかってきます。

自分の顔の「コリ方」を理解しないと、コリはとれません。こったままの顔というのは血流が不循環なため、顔もむくむし、顔色もくすむ、そして吹き出物の原因にもなります。

そのコリを毎日マッサージしてあげることで血流が活性化され、肌の内側の再生機能が促進され目や頭もすっきりとしてきます。ただマッサージをするというだけで。

マッサージがここまで肌質を変えるということは確かに経験しなければ信じにくいもの。個々の持った輪郭がはっきりするだけではなく、鼻の横のむくみがとれて鼻が高く見えたり、目の周りの老廃物が流れるので目が大きくなり、頭がスッキリしてまた集中もしやすくなります。

29 トップアーティストたちがフェイシャルケアを重視する理由

副鼻腔と咬筋を、ほぐして、流して、和らげる。

私のところに来られたとある俳優さんは、私のマッサージを受けたあと、

「これってジュリアード時代にしていたエクササイズと一緒だ。ものすごく顔が動かしやすくなった。こんな清々《すがすが》しい気持ちになれるのは久しぶりだ」

と、施術後のより輝いた目で喜んでいました。

ニューヨークにあるジュリアードという有名なパフォーミングアートの学校では、授業の前に必ず咬筋をマッサージするそうです。俳優さんは顔の表情が命だからでしょう。

レディー・ガガを含め、パフォーマーとして仕事をされているクライアントの施術中で私が重視するのは、やはり「副鼻腔」と「咬筋」。

副鼻腔という鼻の老廃物が溜まりやすいところを流してあげるだけで、鼻から息がしやすくなります。そして咬筋を柔らかくしてあげることで、口が開けやすくなる、そうすると自然に顔の表情もつくりやすくなる。歌うとき口も大きく開くし、鼻から息もたくさん吸えるようになり、肺に息がもっと出入りしやすくなるので声も出やすくなる。

パフォーマーのように人前に出るような仕事をしている人でなくても、筋肉が柔らかくなると表情がつくりやすくなる。実はそれが魅力につながります。

顔が柔らかくなると笑顔も出やすくなるし、表情が豊かになる。それは話している相手にとってみると、明らかに好感を抱く要素です。

マッサージをしたあとは、皆さん、友人や家族、パートナーにこう言われるそうです。

「何をしたの？　いつもと表情が違うし、すごくきれいになったよ」

これも顔の筋肉がほぐされて、生き生きとした表情が浮かぶようになったから。考えていることが素直に表情に出る人はとても魅力的なのです。

逆の場合を考えてみてください。人の顔というのは一番表情が出るはずのところなのに、顔がこわばっていてそれがまったく出ない人は、何を考えているかわかりにくいという印象を与えてしまいます。

実は職業柄、そういう方は少なくありません。弁護士の先生、裁判官、警察官など、職業上常に神経を緊張させておかないといけない人は、顔や首がガチガチになっていることが多い。こういったクライアントには特に、マッサージして顔のコリを柔らかくして、表情がつくりやすい状態に自分の努力で持っていくことが肉体的にも精神的にも大切なことなんだと伝えています。

30

マッサージは大事な人との
コミュニケーション手段になる

お子さんのマッサージも、早くから習慣にすると、
すてきな肌に育ちます。

子どもの顔に触ったことのある人はわかると思いますが、小さい子どもの顔は筋肉が未熟なこともあり、柔らかくて、こわばりが一切ありません。

でも筋肉の発達がピークを迎える20代前後から、ストレスを感じたり奥歯を噛みしめたりすることが増えて、だんだん顔が硬くなってきます。もっとも20代前後はこわ

ばりと言っても、まだまだ大人に比べたら柔らかいものですが。

できればそのころからマッサージを習慣にするといいでしょう。また、子どもにマッサージを教えてあげるのは、3歳ぐらいからでもかまいません。

人間は親しい人に触れ合ってコミュニケーションをするものです。お母さんやお父さんの何を一番覚えているかと言えば、肌の温かさや、おぶってもらったときの背中の広さなどではないでしょうか。母親が指で自分の髪を梳《す》いてくれたときの感触など、何歳になっても体が覚えているものです。

ですから幼児のころから顔や頭をマッサージしてあげると、その子が大人になってからも自分でマッサージをして自分とのストレスと向き合えるようになるし、10代の難しい時期に入っても、マッサージを通じて親密なコミュニケーションがとれるきっかけになったりもします。

特に女の子は吹き出物が出てきたら気になるから、「ちょっとお母さん、顔マッサージして」ということになるし、男の子でも「頭が痛いから、頭をマッサージしてくれない？」と言ってくるかもしれない（片頭痛《へんずつう》になるときは、マッサージで血流をよくし、血液内の酸素量を上げることで治ることがあります）。

反対に私たちのほうから「今日顔をマッサージし合わない?」と提案するのもいいと思います。そんなふうに言葉以外にもコミュニケーションできるチャネルをつくっておくのは、すごくいいことです。もちろんカップルでマッサージし合うのも、いいコミュニケーションの機会になるでしょう。

31

マッサージは
お互いのエネルギー交換

「痛ければ痛いほど効いた気がする」という誤解

いまアメリカでは、ちょっとスピリチュアルなフェイシャルマッサージが流行中。フェイシャルを始める前にクライアントに深呼吸させたり、顔にクリスタルを置いて血液のエネルギーの流れを変えたりする「レイキフェイシャル」が人気です。

あまりにも流行っているので、ときどきクライアントに、「どうしてジュミはレイキを使わないの？」と聞かれることがあります。レイキ（霊気）は日本発祥と言われているので、日本人ならレイキを使うのが当たり前だと思われるのかもしれません。

私はそんなとき、こう答えます。

「レイキなら、もうみんな使っているわよ。私も使っているし、あなたも使っている。レイキは『霊の気』って書くわけだから、人と人が関わっていくことで、私たちはすでに霊気を使っているの」

人と言葉を交わしたり触れ合ったりすることは、お互いのエネルギーの流れを交換しているのと同じだと私は思います。レイキという名前で呼ばないだけであって、同じことをしている。

以前、とあるスキンケアブランドのオープニングパーティーに出たときのことです。そのときレイキを行うサロンの経営者である白人の看護師さんがいました。私は彼女を知らなかったので、そのとき一緒にいた「ヴォーグ」のエディターに、「彼女、何をしてるの？」と聞くと、

「彼女はヒアルロン酸注入をして、ボトックスしながらレイキをするの」

と教えてくれました。

「えっ？　じゃあ、スピリチュアルヒーリングみたいなことを言いながら、『あなた、でもここにシワがあるからボトックスしようか』なんて言うの？」

「まあ、そういうこと」

アメリカはこういうおかしなところがある国なのです。やはり人間はよく知らない国のことは神秘的に見える。だからエキゾチックであればあるほど、効果があるような気がするのでしょう。

アジア発のフェイシャルマッサージはほかにもあって、韓国には「コルギ」というフェイシャルの方法があります。非常に強い力で顔を押すことで、ゆがみを治すというものです。

私も施術を受けたことがありますが、頭や顔をギューッと押されて悶絶するくらい痛い。人間はあまりにも痛いと、これは効果があると思ってしまうのです。

でも顔は一番痛みを感じるところ。なにしろ顔の左右に五本ずつ大きい神経が流れているわけですから。痛すぎると体は自分がされていることを拒否します。ですからあまりにも痛い施術は逆効果。だから私がいつも言うのが、「マッサージはイタ気持ちいい程度にしておいてください。力を入れすぎないで」ということ。

あるとき私のクライアントが、

「昨日、韓国のコルギを受けてきたんだけど、ものすごく痛かった。でもあれで顔の骨格って変わるのかしら」

と言ったので、私はこう答えました。

「押すことで顔の骨格が変わるぐらい骨が柔らかかったら、私たちはベッドから落ちただけで複雑骨折してるわよ」。何かふつうと違うことをすると、人間というのは、「あっ、何か特別なことをされているんだ」という気になるものです。だから効果があるに違いないと思ってしまう。


整体も不思議と、痛ければ痛いほど効く気がします。でも本当は体のマッサージも痛すぎないほうがいい。痛みを感じると筋肉は硬直するからです。だから痛いマッサージを受けた次の日は「揉み返し」といって、よけいにコリを感じる。

やはり基本的に、痛みは体のどこにも与えるべきではありません。せいぜい「イタ気持ちいい」範囲までにして、自分の体は優しく扱ってください。

32 保湿の秘密アイテムはガーゼ

肌に直接化粧水をつけて、軽く拭き取るだけでいい。

洗顔のとき、フェイシャルブラシやスポンジなどを使う人も多いと思います。私がよく使うのは、ガーゼ。ガーゼはフェイシャルブラシなどより肌を傷めることなく、汚れを落としてくれるからです。

私がガーゼを使うようになったのは、かつてケミカルピーリングをしていたころ、ピーリング剤がよく浸透するように薬剤をガーゼで肌につけていたのがきっかけです。ガーゼでこすればこするほど、肌の黒い汚れが出てくる。これは一度ピーリング剤なしでやってみようと思い、ガーゼにただの水をつけて拭いてみたところ、刺激が少ないのによく汚れがとれたのです。

日本でガーゼというと、傷の上に当てて、その上から包帯を巻くような医療用のものを想像しますが、なかには生地が硬かったり、編目が粗かったりするものがあります。それはタワシでこすっているようなものですから、顔に使うのは避けてください。医療用でも「不織布ガーゼ」という名称で売っているような、できるだけ編目が細かいもの、編目がほとんど見えないくらい生地が柔らかいものを選んでください。普通のティッシュペーパーぐらい柔らかいものがあれば最適です。

指にはめて使う、シルクでできた「まゆ玉」という商品がありますが、これくらいの柔らかさであればいいと思います。ただこちらはシルクなので、使い捨てにするには惜しい。ガーゼもカミソリと同様、使い捨てが基本です。

ガーゼの使い方はクリームや化粧水、セラムなどを含ませて、ただ軽くこするだけ。それだけで古い肌の角質は十分にとれてくれます。

こんなときコットンを使う方がほとんどかと思いますが、ガーゼのほうが皮脂などをよくとってくれます。

コットンに化粧水を含ませるとき、決まり文句のように「化粧水をたっぷりと含ませて」「500円玉くらいの直径で」などと言われていますが、ガーゼは薄っぺらいシートなので、化粧水がそれほど浸透してくれません。ですからガーゼ自体に化粧水などを含ませるというよりは、肌に直接手で化粧水をつけて、その直後にガーゼで拭きとるくらいでOK。別に普段よりたくさんつける必要はありません。

回数は気になるところを2、3回こするぐらいで十分です。時間も、1分もかかりません。ちなみに、目もとの皮膚はほかのところより薄いので、ガーゼを使わないほうがいいでしょう。

余談ですが、日本では化粧水をつけるとき、コットンにしみこませてパッティングをする方法を勧められます。「そうしないと成分が肌の奥まで入っていきませんよ」などと言われる。でも私は化粧水がコットンに吸い取られて減りが早くなるだけで無駄になるような気がします。

もっとも、アイメイクを落とすときなどは、逆にコットンやガーゼを使わないとメイク落としが目に入りやすくなるし、メイクも落ちにくい。それ以外のときは全部手を使ってください。化粧水をつけるのもクリームをつけるのも、すべて自分の手でするのが一番です。

33

高い化粧品は、効果があるの？

新しいスキンケアアイテムを試したときは、必ず肌を触って確かめること。

私はいつも「化粧品は高いからいいとは限らない」と言いますが、よい成分を使っている化粧品は、決して安くはありません。どんな成分が入っているかが大事だし、それがどれくらい濃厚かも大事。化粧品のテクスチャーも肌の浸透性に関わってきます。

しかし繰り返しになりますが、化粧品は必ずしも値段が高いほうがいいものであるとは限りません。

でもあなたが、「私は化粧品にお金をかけたい」という人なのであれば、それは自由にお金をかけてもいいと思います。ただし金額的に無理をせず持続して使っていけるものを選んでください。

ポイントは、マッサージを通じて自分と対話して、「この化粧品を使ったら、ここがこんな感じだった」ということを自分で見て触って覚えておくこと。そうすることで自分に合った化粧品を選べるようになります。「高い化粧品を使っているからこれで安心」ではないのです。

一つ確実に言えるのは、マッサージをしてあげることで、化粧品の肌への浸透性も高まり、どのような効果もあらわれやすくなるということ。この化粧品はすごくいいけど何が入っているんだろうと成分を調べたりすることでも、どんどん自分に合うものがわかってきます。

34

洗顔はもっともっと優しく！

何もつけずに寝て、朝の肌を確認してみてください。
本当の肌質が、翌朝わかります。

自分が敏感肌だと信じている人は多いものです。でも私の見たところ、本当に生まれつき敏感肌の人は少数派。自分で自分の肌に刺激を与えて、敏感肌にしてしまっている人が大半です。またそういう人は、メンタル面でも「敏感肌の私」に何かをすがっていることが多いように思います。

つまり敏感肌というと、無意識に「かよわい女性」といったイメージにつながっていますよね。これが逆に「私は全然肌がかぶれない」と言うと、鈍感な人間のような感じがしませんか？

だから敏感肌と思い込んでいるのですが、すると肌って、本当に敏感肌になってくるものなんです。

「この新しい乳液、敏感肌用って書いてあるけど、どうせ絶対かゆくなる」

と、無意識に身構えながら使っています。だから過敏になった神経から反応を引き起こすのです。

あるいは、その人がその乳液を使う前にしていたこと（こすりすぎ、洗いすぎなど）が、かゆみや乾燥の原因だったりする。そうやって一度ひどい乾燥を起こしてしまうと、その後は何をつけてもかゆくなるのです。

なぜなら乾燥しているということは、言うなれば肌の上に細かい隙間が空いてしまっている状態。だから何を使ってもその細い隙間から神経まで直接浸透するので、ピリピリする。本当のかゆみの原因はその乳液ではないのです。私は「洗顔方法を変えるだけでだいぶ赤みが消える」と常々言っています。なぜなら大抵の乾燥の原因は洗顔の仕方や洗顔料の選び方から来ているからです。

つまり、洗顔方法は一般的に言われている方法よりも、もっともっと優しくしたほうがいいということ。

たとえば冬場は化粧を落とさずにお風呂に入り、バスルームでメイクを落としたあと、熱いお湯で顔を洗ったりしがちです。しかし熱すぎるお湯で顔を洗うと、肌の脂が溶けて奪われてしまいます。

顔のオイルというのはバターみたいなものです。熱ければ熱いほどバターは溶けていく。ですからまずは洗面所で化粧を落とすなり、すべきことをしてから、すっぴんでお風呂に入ったほうがいい。

洗顔に適したお湯の温度は、よく言われるように37〜38度のぬるま湯です。しかしそこは諸説あって、むしろ真冬でも冷たい水のほうがいいという人もいる。確かに冷たい水で顔を洗うと、「シャキッとした感」があります。でもやはり刺激の少なさでいえば、体温に近いぬるま湯が、一番刺激がありません。

まず肌に強い刺激を与える洗顔法をやめてみることです。それでは汚れがとり切れないと思うなら、徐々に様子を見ながら「ここまでは大丈夫」というように、少しずつ刺激の強い方法を試していけばいい。

夜、洗顔したあとに何もつけずに寝てみて、自分の肌の油分がどこまであるのかを、朝起きた時点でチェックしてみてください。どこまで油分があるのかを理解しなければ、自分に合った洗顔法はわかりません。

洗顔後何もつけずに寝てみると、朝の肌の状態で自分が乾燥肌かそうでないかがわかると思います。一晩経っても突っ張っているようなら乾燥肌ですが、そうでないなら乾燥肌というほどでもありません。

洗顔後何もつけないで就寝して、朝起きてもまだ肌が乾燥しているのであれば、今後洗顔するときは肌にとても優しい洗顔料にすること。ファンデーションを日中塗らない人は、洗顔料を毎晩使わなくてもいい。ぬるま湯だけで洗顔したり、化粧水や純なオイルで拭きとったりするだけでＯＫ。自分の肌にある水分や油分を保つことが一番のキーになります。

逆に洗顔後、すぐにテカる人は脂性だと言えますが、正確には脂性にも2種類あります。それは本当の脂性の人と、食生活の影響で皮脂が多く分泌されている人。

油をとりすぎている人はそれを控えてお水をもっと飲むように心がければいいし、

本当の脂性の人はある程度肌の油分を奪うような洗顔方法をしても大丈夫なので、さっぱりするまで洗えばいい。そのうえで化粧水、乳液などは油分が少なく水分が多いものを選ぶといいでしょう。

よくあるのが、百貨店で化粧品を買うときに「あなたは乾燥肌ですね」「あなたはオイリー肌ですよ」と言われ、また違う百貨店のカウンターに行けば「いや、乾燥肌ではなく混合肌です」などと、自分の肌が何なのかわからず誰を信じていいのかわからず混乱されている方。

「あなたは乾燥肌です」と言われたところで、肌というのは季節やその日の体調などで、油分や水分の多い少ないは常に変わります。さらには何年も経つうちに肌の質も変わってくるので、自分で自分の皮脂量を理解しない限り、間違ったお手入れを続けてしまうことになります。

35 小鼻の毛穴詰まりは、気にするほど悪化する

毛穴の詰まりは、
ティッシュかガーゼでさっとオフするくらいでいい。

鼻の毛穴が脂っぽいとか、小鼻の黒ずみが気になるというのもよく聞く悩みです。

「あぶらとり紙で皮脂をとればとるほど、余計に出てくるんです」

という方もいますが、これは気のせいではなく、そういうことはあります。

正確に言えば、あぶらとり紙で脂をとるから余計に出るというより、触るから余計

に出るのです。触れば触るほど肌を刺激することになるから、肌が活性化されて、もともとの肌質であるオイリーさがもっと出てくるというわけです。

どうやってバランスをとるかは、それこそ、その人によって違ってきます。

べたつきの少ない化粧品を選ぶのも手ですし、テカリを防止するシリコン入りの下地を、メイクの前に鼻など気になる部分につけるのもいいと思います。ただし、シリコン入りの下地は鼻の毛穴を細かい粒子で埋めるものです。初めは油分をブロックしてくれてツルツルしていい感じですが、分泌される油分の量は変わらないわけだから、結局それが浮き出てくる。夕方6時ぐらいになると、自分の分泌した油分とシリコンが混ざって、今度はベトベトしてくるのが難点です。

一番いいのは、2~3週間に1回ぐらいティッシュなどで押さえて、優しく鼻の角栓をとること。それからガーゼなどでゴシゴシしてしまっていい。その代わり、そんなに強くしないでください。本当に2、3回ぐらいで十分です。

毛穴の詰まりは、定期的に出してあげないといけないものです。小さいゴミ箱みたいな感じで詰まっていくので、定期的に優しく出してあげるのが一番の理想。

アメリカではフェイシャルに来た人は必ず鼻の毛穴を押すのですが、日本のエステティックサロンでは行われていません。だから自分でやってみてください。「すごい詰まってきたな」と思ったら、お風呂あがりに、ティッシュか何かでちょっと軽く押してあげてください。

はがして角栓をとるパックもあるし、先端に小さい穴が開いているスティックもある。それを肌に押し当てると、角栓がニョロッと出てきます。

でも、できれば道具は使わないでほしいのです。なぜかと言えば、どれだけ押しているかを自分の指で、感覚で覚えてほしいから。これだけ強く押したらこれだけ出てくるという、自分の肌の反応を自分でわかってほしいのです。道具を使ってしまうと、強さもわからない。また、なぜか人間には「痛いのがいい」という感覚があるので、道具を使うとやりすぎてしまうおそれがある。ですから道具は置いておいて、指で押してあげてください。

小鼻の脂を吸引するという触れ込みの美容家電なども売られていますが、吸引で取れるのは、表面に浮いている皮脂だけです。無理に吸引すると、毛細血管が中でうっ血したりするので、のちのち赤みが出てきたり、すごい敏感肌になったりしてしまう。ですから絶対にやりすぎないように。

鼻の脂をとることにばかりこだわっていたら、今度は乾燥してしまい、乾燥が炎症につながっていきます。ですから2週間に1回とか日にちを決めて手入れするようにして、それ以外のときは忘れるようにしてください。

「この黒詰まりはとれないの？」と毛穴の詰まりを異常に気にする人がいますが、そんなもの完全にとれるわけがありません。なぜなら生きている限り、肌は油分をつくっているのですから。油分をつくることで、肌を守ってくれている証拠である黒詰まりに、逆に感謝してほしいくらいです。

私がいつも言うのは、「炎症のある肌より、毛穴が詰まってる肌のほうがいい」ということ。

「毛穴が詰まってるな。あとでガーゼでさっと拭きとっておけばいいわ」

というように、毛穴の汚れを許せる気持ちのおおらかさを持ってください。

36

日焼け止めの本当の選び方

なにはともあれ、強さよりも
こまめに塗り直すことが大切。

肌にとって紫外線が大敵というのは、間違いのない真実です。ですから日焼け止めの選び方はとても重要です。

日焼け止めを選ぶとき、SPF（サン・プロテクション・ファクター）の数字を基準に選ぶ人が多いと思います。**SPF2であれば、日焼けの反応が出るまでの時間**

を2倍遅らせることができ、ＳＰＦ50であれば、50倍ということになります。

紫外線に対する過敏性を示す「フォトスキンタイプ」という尺度で、日本人はタイプ2から4に当てはまります。タイプ1が一般的な白人で、タイプ6が一般的な黒人です。タイプ1、2は日焼けが始まる時間が早く、太陽の下にいると5分以内で肌へのダメージが始まると言われています。ということでタイプ1、2の人がＳＰＦ50を使うとなると、250分間は紫外線から守られていると一般的に言われています。

いずれにせよ外に出ると、日焼け止めは約1時間から約1時間半ごとに塗り直す必要があります。これはＳＰＦ50であっても、15であっても同じ。ファンデーションと違って、いったん肌に塗ると目に見えず、わかりづらいですが、時間が経つにつれどんどん汗や皮脂で剥がれ落ちていってしまいます。

その一方で、日焼け止めは、ＳＰＦの数値ではなく、成分でも選んでほしいのです。ノンケミカルな日焼け止めの成分には酸化亜鉛（zinc oxide）と二酸化チタン（titanium dioxide、紫外線散乱剤）の2種類があります。この両方、もしくはどちらか片方が入っていないとＵＶＡ（紫外線Ａ波）とＵＶＢ（紫外線Ｂ波）が十分にカットされません。

日焼け止めにはフィジカル（ノンケミカル）サンスクリーンとケミカルサンスクリーンの2種類があります。フィジカルは二酸化チタンや酸化亜鉛の自然なミネラル成分で太陽光線を反射する、すなわち鏡のような役割で日光を跳ね返すのですが、ケミカルのほうは太陽光線が肌の上で吸収され、その後吸収された紫外線が熱に変わり、体内から熱が放たれます。上記に述べた理由からアメリカではフィジカルサンスクリーンが大人気で、私もフィジカルサンスクリーンのみをお勧めしています。

ではなぜケミカルサンスクリーンが売られているかというと、つけ心地がすごくサラサラしているから。フィジカルサンスクリーンの酸化亜鉛や二酸化チタンは白い膜みたいになるので、厚くなったり、肌にまとわりつく感じがする。でも日焼け止めの効果は、フィジカルサンスクリーンのほうが高いと言えます。

ちなみにフィジカルサンスクリーンはミネラルが主成分なので肌に詰まりやすいのが唯一の難点。ですので落とすときはオイルで落とし、ガーゼで拭き取るようにしてください。

37 ヘッドマッサージは欠かせない

頭も、皮膚の一部です。

ここまで主に顔のマッサージについてお話ししてきましたが、私のフェイシャルではヘッド、つまり頭もマッサージします。頭と顔はつながっているので、当たり前ですが、頭もほぐさないと顔はほぐれないからです。

ただしアメリカのクライアントには、「今日はシャンプーしたばかりだから、頭をマッサージしてほしくない」と言われることがあります。私のクライアントの多くは一週間に1回ぐらいしか髪の毛を洗いません。向こうは空気が乾燥しているから、高温多湿の日本のように、一日シャンプーしないだけでたちまちベタベタするということもない。それに西洋人の頭皮はもともと油分が少なく、アジア人のように毛質に「コシ」がないので、髪の毛を洗うとフワフワになってしまい、プロの力を借りてブロードライをしないとなかなかきれいに収まりません。

そこまで手をかけたので、シャンプーをした日は髪の毛を触ってほしくないわけです。そんなとき私は、「いいけど、その代わり、老廃物が流れる量はものすごく減りますよ」と言います。なぜなら筋肉は、顔から頭まで全部つながっているから。

私のクライアントたちは、もうそれをみんな理解しているので、ほとんどの人は私の好きにしていいと言ってくれます（笑）。

「頭皮のケアといっても、シャンプーするときに意識して頭皮をマッサージするぐらいしかしていません」

という人がほとんどだと思います。でもそれくらいが一番いいのです。何事もやりすぎると、肌と一緒で頭皮も乾燥してきます。

頭皮もやはり油分が多い人、油分が少ない人に分かれます。油分が多い人は手入れをしすぎてもあまり大きな問題は起こらない。だから自分の頭皮がどこまで油分をつくるのかをまず理解してほしいのです。

頭皮の油分が少ない人が洗浄成分の強いシャンプーで髪をキシキシするまで洗ったり、美容院で頻繁にカラーリングやブロードライなどをしていると、頭皮が乾燥してくる。また精神的なことも影響するので、すごくストレスを抱えている人も、頭皮が乾燥しています。

つまり顔と一緒で、頭皮も手入れのやりすぎはよくない。ですので、一番いいことは、顔と同じでマッサージです。血行をよくしてあげることが一番いいのです。

やり方はなんでもいい。お風呂につかりながらしてあげてもいいし、シャンプーしながらしてもいいし、オイルをつけてやってもいいし、何でもいいのです。でも基本は顔のマッサージと同じで、刺激の少ないマッサージを短時間、その代わり毎日してあげることです。

育毛剤を使われている方はご存じだと思うのですが、頭皮をマッサージしながら育毛剤を馴染ませる使い方が大半ですよね？　なぜなら育毛にはマッサージが欠かせないからです。頭の筋肉は顔が正面を向いたとき、正面から頭の後ろを結ぶ縦のラインになっています。その流れに沿って刺激してあげると気持ちがいいと思います。まず、おでこの筋肉が頭蓋骨の筋肉にくっついているところがあります。そこが頭の筋肉の始まり（１８４ページ、イラスト2参照）。ボコンとちょっとへこんでいます。そこをマッサージしてあげると、顔のコリも頭のコリもほぐれる。

頭蓋骨はパズルのように何本かの骨が組み合わさってできているので、大きく深呼吸すると、頭蓋骨と頭蓋骨の間にミクロの隙間ができると言われています。ですから気持ちが落ち着いているときに、息をゆっくり吸いながら、ちょっとへこんだ部分を押してあげるといい。頭のコリがとれると頭皮が柔らかくなり、血流もよくなり、頭がさっぱりして考えもまとまりやすくなってきます。

ちなみに頭皮をマッサージする器具もたくさん売られていますよね。堅い木の柄でできた、先が丸くて、あまり密に植わっていないブラシとか、シャンプー用の先が少し尖ったゴムのブラシとか。これらも気持ちいい程度に使ってもらうのはいいと思います。ただし器具を使いすぎるとよくないのは顔の肌と一緒です。

つまりこすりすぎ、刺激しすぎると炎症が起きてきます。炎症が起きてくると、それが油分の生成につながったり、乾燥につながったりしてしまう。特に頭は毛髪があるので、頭皮がよく見えない。そのため顔の肌のように、「赤くなってきた、このへんでやめておこう」というセーブがききません。

ですので顔と同じく3～5分、毎日一定の時間を決めて続けていきましょう。

38

ボトックス、ヒアルロン酸注射はよい？

人工的な手を加えるほどに、
美しさの価値観を見失ってしまう。

日本では、シミがなくて美白であることが評価の対象になりやすいですが、アジア系以外のアメリカ人たちにとっては、シワがないことのほうが大事。なぜかと言えば、すでに述べたように美白はアジア人の願望だから。したがってみんなが口を揃えて訴えるのは、シワの悩みが圧倒的に多い。

「眉間のシワが出てきたんだけれど、ジュミ、ボトックスはどう思う？」「ヒアルロン酸注射はどう？」と、毎日のようにクライアントから訊かれます。

「どうしても眉間のシワがすごく気になる。おかげでもう自分の顔も見るのもイヤだ」という人には、「それならボトックスでもして、悩みを終わらせちゃえばいい」と言います。

だって一度できてしまったものは、完全にはもとに戻らないからです。

ただし私が反対するのは、自分を見失うこと。一度そのサイクルに入ってしまうと、自分を失わずにいるのはすごく難しい。

というのもボトックス注射をすると、3カ月ぐらいはシワが見えなくなります。ところがその効果が消えていく段階で、以前よりシワがもっとひどくなったように見えてしまうのです。完全に目の錯覚なのですが、前回より深く、目立つように思えるのです。

そうなると前回は3ミリの量だったのが、次は5ミリに増えるし、その次は10ミリになる。もうどんどん量が増えていく。だから私は、まずそういった事実をクライアント本人に自覚してもらい、そしてその大切なクライアントを紹介する先生も決まっています。私の価値観を知ってくれている、決してやりすぎない先生方です。

ヒアルロン酸を入れるというのは、深いシワに液体を足して、シワを見えないようにさせたり、加齢で痩せてしまった箇所を膨《ふく》らませるわけです。ですからどんどんそれを繰り返していくと、バランスが崩れ顔がパンパンに膨らんできます。

そういう顔が果たして本当に美しいのかどうか、もう一度問い直してみてもいいのではないでしょうか。

39 目指すは「無人島でもきれいでいられる肌」

歳を重ねれば重ねるほど、
メイクで隠さなくてもいい素肌が理想。

「ジュミはどういう肌を目指しているの？」と訊かれたとき、私がいつもする話があります。

私のクライアントが、お友達と何人かで無人島に行ったとしましょう。ところがみんな化粧品を持っていくのを忘れてしまいました。化粧水もなければ日焼け止めもない。そんなとき、私のクライアントの肌が誰よりも一番輝いていてほしい。つまり何もない環境でも、自分で自分を守れる健康な肌をつくっていくのが目標です。
いろいろなことをされている肌は、結局それが止まってしまうと、炎症そして乾燥につながっていきます。常に何かを塗られたり、何かをされているから、そのサイクルを止めたときに、肌が「あれ？　どうしたらいいの？」と戸惑ってしまう。本来の機能を取り戻すまでに時間がかかってしまう。

そうではなく、自分の肌を自分でリペアできるのが理想の肌。

もともと健康な肌なら、いい化粧品を使うと、よりそれに反応してくれる。

逆に肌の機能が弱っていれば、どれだけいい化粧品を使っても反応が鈍くなってしまいます。

これは化粧品を使うなということではありません。家から外に一歩出ると、空気汚染やアレルギー成分、ホコリなどから顔を守らないといけないので、化粧水やセラムはもちろん必要です。ただそれに頼らない肌をつくっていってほしいのです。何かをつけることで、美しいものがより美しくなるような肌に。

40 スキンケアは“Less is more.”

足りていないのは水分か、あるいは油分か。
足し算は、必要なものを見極めてから。

多くの人がよかれと思ってしているスキンケア。肌を手入れすることはとてもすばらしいことなのですが、私から見える一番の落とし穴は、なんといっても角質を落としすぎること。どんな手入れでも、すればするほどいいと思っている人が多いのですが、実は逆なのです。よくLess is more.と言いますが、何か手を加えることが少なければ少ないほど、肌にとっては理想的。のちほど詳しく説明しますが、肌質によっては顔を洗うのに、洗顔剤を使わなくてもいい。日中にメイクなどをしていなければ、お湯だけでもかまいません。スキンケアをした結果、痛ければ痛いほど効きそうとか、赤みが出れば出るほどいいとか、肌がめくれればめくれるほどいいという考えが、もう真逆なのです。

アンチエイジングで一番大事なことは、肌がもともと持っているものを強くすること。ですから痛いほど顔を洗ったり、ひりひりするほど角質を落としたりすることは、肌自体の構成を傷つけてしまいます。特別なイベントの数日前や、２週間に一度などとスケジュールを決めて、角質を落としたり、パックを使ってみたりするくらいでいいのです。

肌をきれいにしたいと思うほど、何かやりたくなってしまう。これは世界中の女性はみんなそうだと思います。

新しい商品が発売され、ネットなどで「あれはいいよ」というレビューがつくと、いてもたってもいられずに飛びついてしまう。キャビネットがパンパンになるぐらいいろいろな化粧品を持っている方も多いのですが、そんなにたくさんの種類を使ったからといって、肌はほとんど変わりません。

化粧品を効かせる一番のコツは、自分の肌が必要としているものを知り、足すこと。それは油分なのか、水分なのか、炎症止めなのか、まずは少しずつ試してみることです。

油分が足りていないと思ったら、ちょっと洗顔剤の量を減らして、オイルベースのものを使ってみる。あるいはクリームを一日2回塗り直してみる。

水分が足りていないようなら、化粧水や水性の商品を塗り重ねて使ってみる。

そうしていろいろ試して結果をよく見て、自分の肌をわかっていくところからスタートしましょう。

41

泡洗顔にこだわらないで

洗浄力の強いメイク落としは、
油分が足りない人には逆効果。

洗顔というと、たっぷりとした「もっちり泡」を肌にのせるというイメージがありますが、すべての肌質の人にとって泡洗顔がいいわけではありません。オイリー肌と混合肌の人は、泡で顔を洗ってあげることにより、油分がコントロールされてさっぱりとした洗い心地になります。

敏感肌や乾燥肌の人は、石鹸や洗顔料の泡を使ってしまうと、肌の油分と水分をより失ってしまうことが多いので、ミルキークレンザーや純オイルで顔を洗ってください。純オイルでクレンジングをする場合、オイルは水では流れないので、洗い流すときは必ずぬるま湯とガーゼを使って拭きとってください。オイルが多少肌に残っていても構いません。

洗顔するときは洗顔料を使わなければいけないという思い込みは捨ててください。
別にクリームやセラムなどでも顔は洗えます。洗うというか、汚れを落とせます。

　人間の肌は年をとっていくと油分が少なくなっていく。ですから常に同じ洗顔方法を続けるのではなく、肌の状態に合わせて変えていきましょう。

ただしファンデーションを塗っているなら話は別で、メイク落としをちゃんとしたうえで、化粧水で拭きとる必要があります。ファンデーションは油分なので、水分ではとれないからです。ですから時間はかかるけれど、普通のクリームで落とすのもいいでしょう。乾燥肌や敏感肌の方がメイク落としを顔全体に使うと、乾燥は加速する一方です。

メイク落としはマスカラやリキッドファンデーションなどの油分を分解してとるものなので、肌のありとあらゆる油分と水分がすべて奪われてしまいます。ですからある程度オイリー肌の人でないと、一般のメイク落としは残念ながらお勧めできません。

こんなふうに言うと、乾燥肌の人は「オイリー肌の人は丈夫でいいな」と思うかもしれませんね。でもオイリーな人は「すぐにテカってしまっていやだなあ」と思っているものです。

結局ないものねだりになりがちなのですが、自分がコンプレックスに思うところは、けっこう自分のいいところであったりもする。たとえば脂性の人は、すぐに脂が浮いてイヤだと思うかもしれない。でも脂性の人は、年齢を重ねてからシワがなかなかできにくい。「脂性でよかったね」といつもクライアントの皮脂に感謝しています。

逆に乾燥肌のいいところは、やっぱり肌がきれいに見えるところ。

ただし当然乾燥しやすいので、ダメージも受けやすい。ですから日焼け止めを忘れないこと。いろいろなものから「守る」ことさえすれば、きれいな肌を保てます。

コンプレックスを完全に消したり、断ち切ったりするのは難しい。自分なりにバランスがいい地点を見つけてほしいと思います。

CHAPTER 4

必要なのは、一日5分の手肌マッサージ

毎日、「ゆっくりと、ほぐして、流す」を繰り返そう

さて、ここからはいよいよ具体的なマッサージの方法を説明していきます。

ポイントは、急がずに、ゆっくりと深呼吸をしながら行うことです。ゆっくりすることで心身からリラックスでき、コリもとれやすくなります。時間をかけて顔全体と会話しながら行います。自分のコリを自分で理解するためにも、すべてゆっくり行ってください。

自分をいたわる時間をつくってあげて、その空間に自分を置くことで、緊張がとれてどんどん筋肉が柔らかくなる。それは自分で自分に「ここをほぐしてくださいね」というシグナルを送ることでもあります。「あれしなきゃ、これしなきゃ」ということで頭がいっぱいのままでは、うまくシグナルが伝わりません。

マッサージ用のオイルやクリームはつけてもつけなくてもＯＫ。素手でもけっこうです。愛用のナイトクリームなどをつけてもいいけれど、目の近くをマッサージしていてうっかり目にオイルが入らないように心がけてください。

必要な時間は全部で5分くらい。顔のマッサージというのは、それほど長い時間する必要性がないうえ、やりすぎて顔面神経にダメージを及ぼすようなことを避けるためでもあります。毎日3分から5分あればいい。それだけで顔はずいぶん変わってきます。

そして各マッサージの仕上げに、必ず耳の上から首筋にかけて、手のひらでさすって老廃物を流してください。これはすべてのマッサージに共通です。

いったんスマホを置き、自分と向き合って、数分でいいから必ず毎日コリをとって、血流を流すこと。それが鉄則です。

42

ジュミ式マッサージ〈1〉
炎症を和らげるマッサージ

副鼻腔に溜まったものを流して、
呼吸もスッキリ。

人の顔というのは、目や鼻のあたりが膨らんでいると、一番顔がむくんで見えます。しかもそのあたりが一番印象に残る部分でもある。ですから手っ取り早くマッサージの効果を出すには、鼻の分泌物が詰まっているところを流してあげることです。

副鼻腔といって、頭の中心の４カ所（おでこの上、目の周り、目の下と鼻の横にかけて）に袋みたいなものがあります。鼻づまりのときなど、このあたりが膨らんできます。風邪を引いていたり、アレルギー反応が出ていたり、お酒を飲みすぎたりすることで、ここに鼻水などの老廃物が溜まるのです。これを流してあげることで、だいぶすっきりします。

シャワーを浴びているとき、お風呂に入っているときのように、体が温まっていて、何か温かい蒸気があったほうが老廃物は流れやすいのですが、このマッサージは一日のうちで、いつ行ってもかまいません。朝にシャワーを浴びる習慣がある人は、そのときにマッサージしてください。でもその場合も、夜家に帰ってきたらもう一度必ず行ってください。一日外で過ごすと、鼻の中に汚いホコリなどがたくさん溜まっているからです。

触るとわかりますが、頭蓋骨の黒目の下ぐらいのところに穴があり、ちょっと凹《へこ》んでいます。中からいろいろな神経が出ているところです。ここをちょっと刺激してあげると、顔の神経が起きてくれる。少しピリッとした痛みを感じるかもしれません。このちょっとへこんだ穴をご自分で探してみてください。だいたい黒目の下にあります（わからなかったら、だいたいでOKです）。

STEP 1

初めは人差し指、中指、薬指の3本の指の指先を使って、押しながらゆっくり円を描きます（サークルモーション）。皮膚が動くのを感じてほしいのです。そして溜まっているものを感じながらマッサージします。これをまず5回ほど繰り返してください（イラスト1）。

力はある程度入れてもいいですが、痛ければ力を入れすぎです。イタ気持ちいい程度にしてください。ここにいろいろなものが溜まっていれば溜まっているほど、痛く感じると思います。「痛いのが当たり前」とか、「マッサージは痛いほうが効く」というのは間違いなので、自分で力加減を調節してください。

指先でちょっと押して、持ち上げてもらってもいい。大事なのはポンポンと短くマッサージするのではなく、時間をかけてゆっくり行うことです。サークルモーションにしても、押すにしても、時間をかけて行ってください。詰まっているものを感じとり、皮膚が動くのを感じることによって、その日の詰まり方などがわかってきます。今日わからなくても、続けていたら「あっ、今日は硬い」とか、「今日は柔らかい」と感じるようになってきます。

以上を5回ぐらい繰り返したあと、3回ぐらいに分けてリンパを流します。リンパはこめかみから耳の下あたりにあるので、そこに沿って手を動かして流していきます（イラスト2）。指を使ってもいいし、手のひらを使ってあげてもいい。でも必ず鎖骨の上のデコルテのところ、広頚筋《こうけいきん》という筋肉がくっついているところまで流してあげます。目の脇から鼻の脇も同様です。

STEP 2

次は、眉頭と目頭の間です。ここも指一本で、中から押し上げるようにサークルモーションをします。ちょうどくぼんでいるところに指先を入れてください（イラスト3）。ここもサークルモーションを3回くらい繰り返したあと、リンパに沿って流しましょう。

STEP 3

次は副鼻腔の上です。ここは眼《がん》窩《か》上孔《じょうこう》といって、神経が出てくる穴があります。時間があるときにちょっと触ってほしいのですが、頭蓋骨に穴が開いているので、

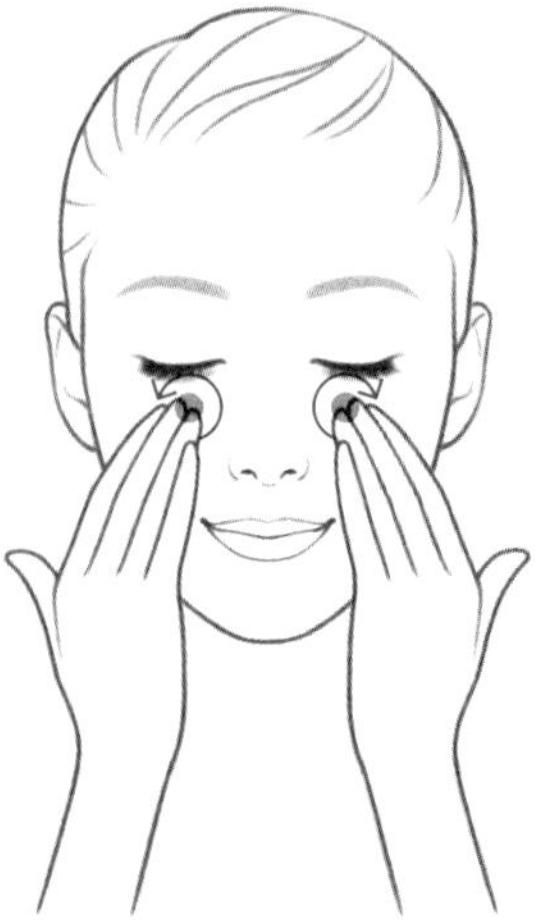

1

3本の指で目の下のくぼんでいるポイントを探し、サークルモーションでゆっくりほぐします。

ポイント

小鼻の横の、凹んでいるポイントも同様にサークルモーションで押してあげる。副鼻腔の老廃物の詰まりがとれます。

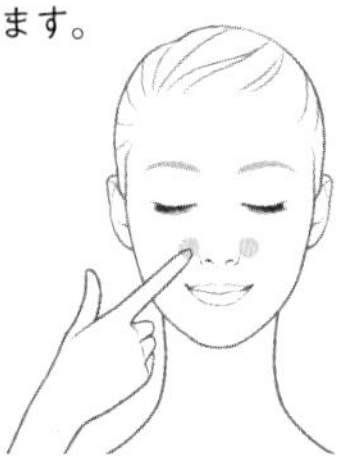

指使い

指を回す向きはどちらでもよいですが、ぐっと持ち上げる力が働くので、私は内回りにしています。

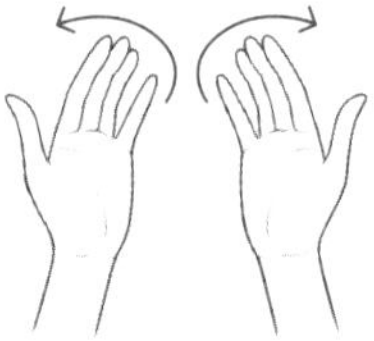

2

マッサージの終わりには、リンパに沿って必ず流してあげます。顔→こめかみ→耳の裏側あるいは付け根を通し、首筋まで線を描くように指で流します。

3

目頭のくぼみにぐいっと力を入れて指を入れる。そのままサークルモーションで、目のコリをほぐします。

4

眉上のくぼんでいるポイントも指先でさぐりながら、サークルモーションでコリほぐし。仕上げはやはり、2のように首筋までリンパを流して。

ちょっとへこんでいて、ここから目の神経などが出ています（イラスト4）。顔全体にわたっている神経がここから出ているので、触ると痛いかもしれません。でもそこを押さえると、顔がシャキッとしてきます。

ここを押さえながら、ゆっくりサークルモーションしましょう。ちょっと横に行って、眉頭から眉毛の真ん中あたりまで、眉毛の3分の1ぐらいのところでまた同じく3回ぐらい回して、またゆっくりとリンパを流してあげてください。こめかみから耳の裏の側頭筋《そくとうきん》を通して流してもらってもいい。

以上が炎症を和らげるマッサージで、副鼻腔に溜まっている老廃物を流してくれます。

特に花粉症などのシーズンに行うと、顔を触っているときにも鼻水がたくさん出てきて、ハナをかみながらでないと施術ができなくなるくらい、詰まりがとれていく人も多くいます。

43 ジュミ式マッサージ〈2〉顔のむくみをとる

血流を流してあげるのが、一番大事なポイント。

このむくみをとるマッサージは、どのマッサージにも付け加えてもらっていいぐらい大事なマッサージです。咬筋と側頭筋、おでこの筋肉、あごから出ている首を支えている筋肉を柔らかくしてあげないと、リンパの流れもよくならない。ですからこのマッサージは、どのマッサージに付け足していただいてもいいのです。

STEP 1

まずストレッチです。左手を右の広頚筋が終わっている鎖骨の上あたり、首の下に置き、頭を左側に倒します。まず首の筋肉を伸ばしてほしいのです（イラスト1）。

デコルテをガッチリとつかんで、深呼吸しながら首が伸びるのを感じてください。

右手で反対側も同じようにします。これは5回でも10回でも、何回繰り返してもOK。とにかくこの首からデコルテにつながっている大きな筋肉を伸ばしてください。

STEP 2

次は前頭筋《ぜんとうきん》といって、おでこのあたりをストレッチしていきます。

この筋肉は頭蓋骨にくっついていて、ポコンと出っ張っています。この付け根を柔らかくしてあげないと、前頭筋は緩んでくれないから、ストレッチするときは必ずここまで伸ばしましょう。眉の上から始まって、髪の生え際のかなり先の先、頭頂部近くまで指で押し上げていく感じです（イラスト2）。これを3回繰り返します。

STEP 3

次は、手のひらを使って、おでこからリンパの流れに沿って流していきます。筋肉がストレッチするのを感じながら流してあげてください。3回繰り返します。

STEP 4

次に目の下から流していきます。顔の内側から外側へ向かい、側頭筋に沿って流していく（イラスト3）。指を使ってもいいし、また手のひらの付け根を使ってもらってもいい。そして必ずリンパを流してあげること。

副鼻腔、頬骨のところの流れを促したら、最後は首の下です。ここは親指やこぶしを握って流してもいいでしょう（イラスト4）。

これが終わったら、1に戻ってもう一度首をストレッチしてもらってもいいでしょう。

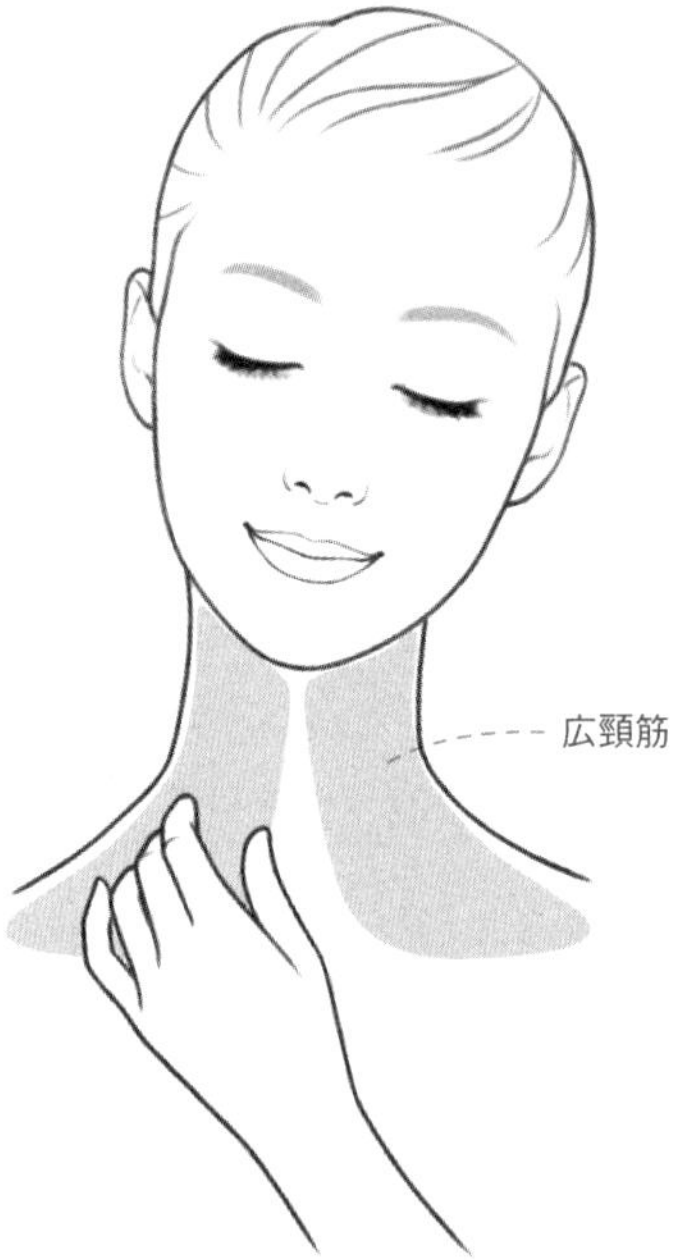

1

頭を傾けながら、首筋に広がっている広頚筋を伸ばします。この状態で3回深呼吸。

2

指先に力を込めて、眉上のポイントから生え際の向こう側まで、下から上にマッサージします。

3

側頭筋をぐっと押す。指先でもいいですし、このように手のひらで押すと力が入りやすいです。

4

こぶしで、あごのラインも耳の下にかけてマッサージ。

44

ジュミ式マッサージ〈3〉目の周りのクマをとる

たるみにつながる目の周りのコリを、毎日ほぐしてあげましょう。

まずご理解いただきたいのは、目の筋肉の構造です。眼球の周りにはメガネのようにぐるりと「眼輪筋《がんりんきん》」という筋肉があり、そこに目の玉が入っています。

年齢を重ねると顔の骨の骨密度が下がり、骨が薄くなってきます。骨が頼りなくなるとともに、目の周りの筋肉がどんどん弱くなっていき、脂肪がたれ下がり、それが目のたるみにつながります。

このメカニズムを理解したうえで、眼輪筋をほぐしていきましょう。

STEP 1

まずは眉尻と目尻の間ぐらいのところを上下にゴリゴリして、筋肉をほぐしていきます。指1本でもいいし、2本でもいい。骨を感じながら、骨と柔らかいところの間をゴリゴリします。涙《るい》腺《せん》も必ず刺激してください（イラスト1）。涙がもっと出てきてくれるようになります。ということは目も見えやすくなるし、ドライアイも防いでくれます。これを3回ぐらい繰り返してください。こっているところがあれば、そこは少し長く時間をかけてもいいでしょう。

眼《がん》窩《か》下《げ》孔《こう》という、中から神経が出てくる穴もちょっと刺激してあげましょう。目の周りの老廃物がすごく流れやすくなります。ここをまたサークルモーションを3回ぐらい繰り返して、上の眼窩上孔のほうにいきます。これをまた3回ぐらいグリグリします。

STEP 2

次に人差し指、中指、薬指の3本指を使って、ブランコのように上下左右にゆっくりゆっくり動かします（イラスト2）。そのまま目尻のほうへ。ゆっくりと、コリを感じながら中に行きます。押しながら左右にコリをほぐしてください。

いまはみんな目が疲れているので、すごく気持ちいいと思います。こっている人はたっぷり時間をかけて大丈夫です。

目頭から始めて目尻に行き、また3回ほど繰り返してください。

STEP 3

最後は目の神経に沿って流してあげましょう。手のひらでもいいし、指を使ってもいい。大事なのは「いま、いらないものを流してあげていますよ」とイメージすることで、「流れてもいいのよ」と体にメッセージを送ること。

老廃物が流れるところを想像しながらマッサージするのと、ただ機械的に行うのとでは、効果がまったく違います。顔のコリは自分で認識しないと、せっかくマッサージをしても何をしているかというメッセージが伝わらない。必ず認識し

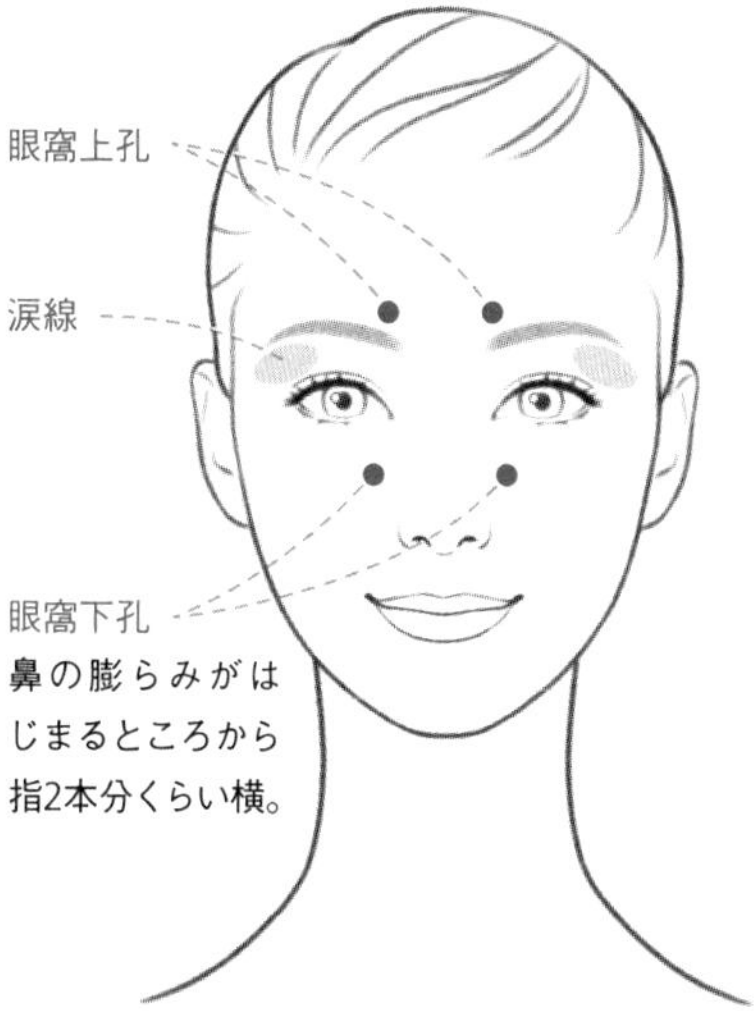

1

目の周りの筋肉をほぐします。コリをとりたいのはこの4つのポイントと、涙腺がある範囲。

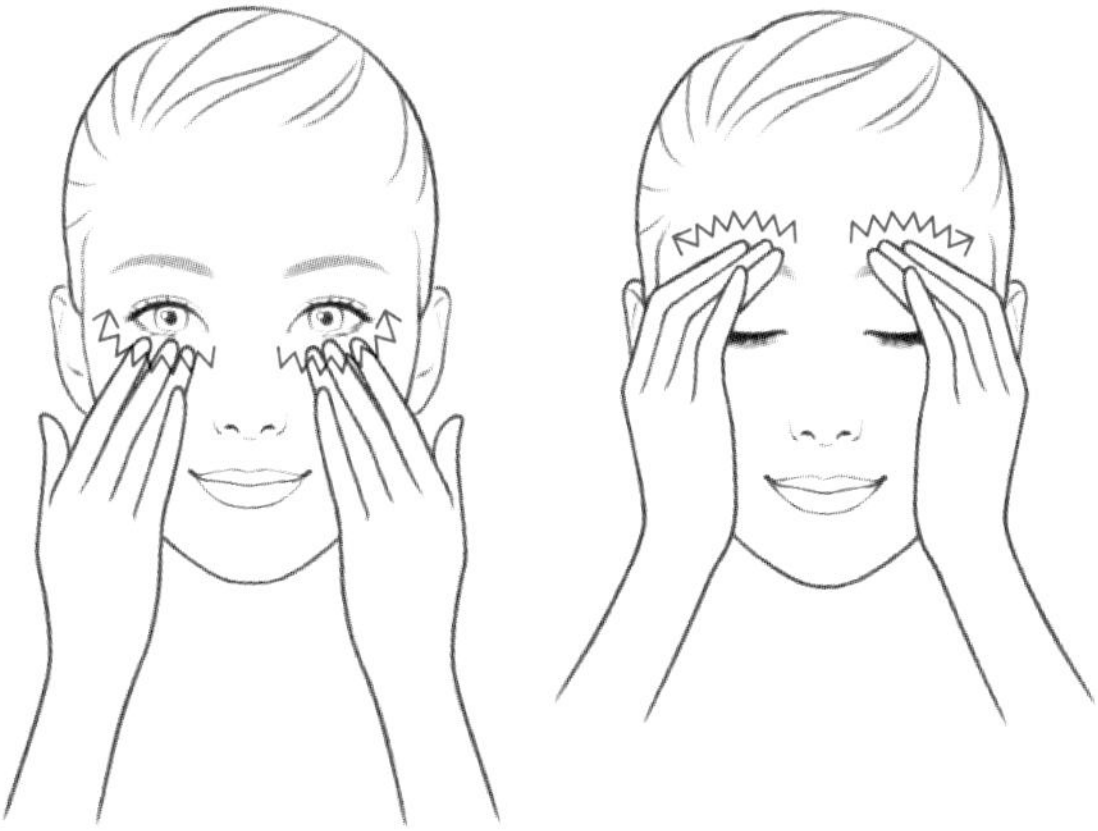

2

3本の指で、ブランコのように上下に小刻みに動かしながら、目頭から目尻までマッサージする。眉上の眼窩上孔も同様に、小刻みに動かしながマッサージ。

てあげてください。

実際にマッサージをしてみると、思った以上に目の周りがこっているのがわかると思います。特にパソコンの前にずっと座っているような職業の方は、目の筋肉がガチガチ。でもここを柔らかくしてあげると、創造力も発揮できるようになります。

45

ジュミ式マッサージ〈4〉
顔の輪郭をシャープにする

耳の下からあごにかけてのラインが、少しずつ変わっていきます。

あごのラインを出したり、頬骨のラインを出したりするためのマッサージです。そのためのポイントとなる筋肉は、頭の横、耳の上にある側頭筋《そくとうきん》です。リンパが流れているから、ここを必ず柔らかくしてあげないと、結局流したものがうまく流れません。顔の輪郭をシャープにするには咬筋もかなり関わってくるので、耳の下あたりをマッサージしていきます（イラスト1）。

耳のすぐ横の、あごと耳の軟骨の隙間にちょっとへこんでいるところがあります。ここに耳下腺《じかせん》という唾液が溜まるところがあります。ここから柔らかく刺激していきましょう。

STEP 1

人差し指と中指を使ってもいいし、薬指を加えた3本の指を使ってもいい。まずは頬骨の下のところから押していきましょう（イラスト1、下のライン）。

次にそのすぐ下。指一本分下りたぐらいのところを押します。普段歯ぎしりをよくする人は押すと痛いかもしれないので、ゆっくり押してください。

次にまた指一本分を下がったところを押していきます。ここはけっこう大きな筋肉なので、4カ所ぐらいに分けて、ポイントごとに3回ずつ押していきます。

こっているところは、10秒ぐらいは押さえてほしい。10秒は長く感じるかもしれませんが、これが必要なのです。深呼吸をしながら3回繰り返します。

STEP 2

次にまた同じスタート地点に戻って、頬骨を中から押し上げていくように押していきます（イラスト1、上のライン）。頬骨が出ているほうが、むくみが少なく見えるからです。それにむくみがあると、頬骨の下あたりが丸くなって、重みでたるんでくるので、ほうれい線などのシワの原因になります。

「すごく分厚い肉がある」「脂肪がついている」と感じるかもしれません。それを柔らかくほぐしていくと、「こんなに余計なものが顔に溜まっていたんだ！」と驚くほど流れていきます。

これをまた同じく3回ぐらい繰り返してください。

STEP 3

次に側頭筋です。側頭筋は、本当に大きい筋肉なので、サークルモーションでもいいですし、反対に優しくつねってもいい（イラスト2）。頭皮の硬い人は初めのうちは全然ここが動かないと思いますが、時間をかけてほぐしていくと、皮がつかみやすくなってきます。

ここは全体的にカバーするイメージで、軽くつねってもいいし、サークルモーションでもいいし、反対に押さえてもらってもいい。自分の気持ちいい方法を見つけてください。

30秒を2回に分けてもらってもいいし、10秒を3回に分けてもらってもいい。そしてまた流していくと、頬骨がはっきりしてきます。繰り返すうちに、咬筋の形も変わってきます。

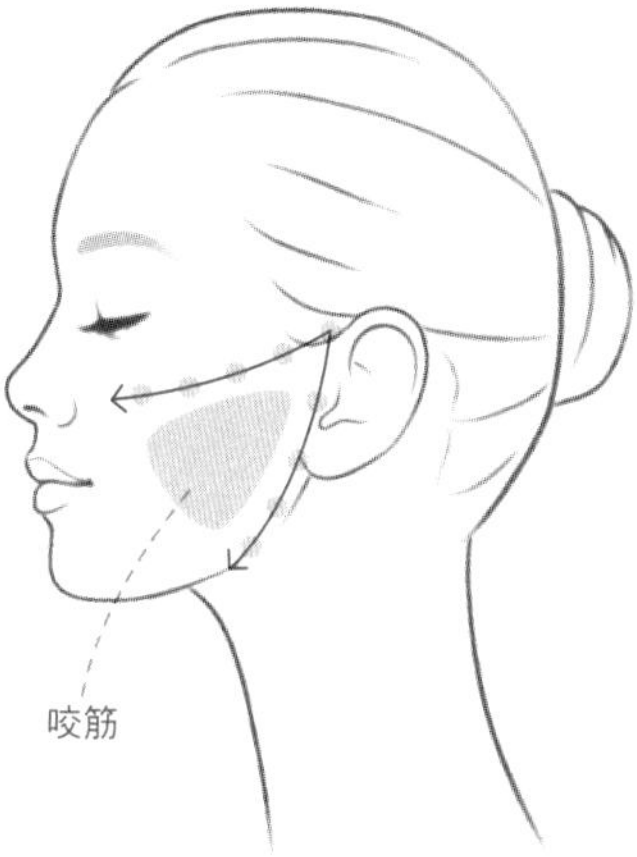

1

頬骨あたりに広がる咬筋のコリをとる。噛み合わせの部分から耳下の耳下腺に沿って、10秒ずつ押していきます。同様に、顔の中央に向けても押していきます。

2

側頭筋のマッサージ。指先のサークルモーションで揉むのもよいし、親指と人差し指で軽くつねりながら、人差し指の腹で刺激してあげるのもよい。

46

ジュミ式マッサージ〈5〉
二重あごに効くマッサージ

ぐいぐい下から押し込む感じで、
あご先から耳の下までほぐします。

二重あごにはいろいろな原因がありますが、まず加齢によりリンパが下がってくることと、舌の裏の筋肉が衰えてくることの二つが理由です。

STEP 1

まず「むくみをとるマッサージ」で行った広頚筋ストレッチ（182ページ参照）をもう1回します。これは3回から5回、深呼吸をするぐらいの長さでしてください。

STEP 2

次にちょっとあごを突き出してあごの真ん中に親指を引っかけるように置き、人差し指と親指であごの骨をつかむように上げます。

ここは顎下腺《がっかせん》というところで、押すと唾《つば》がたくさん出てきます。そしてあごの端まで10秒ずつ押していきます。全部で1分間ぐらいかかります（イラスト1）。

STEP 3

次に首の付け根から胸の筋肉につながっている胸鎖乳突筋《きょうさにゅうとつきん》という大きい筋肉をつまんでいきます。首の付け根からしっかりとつまんで、これも10秒たったら下のほうに移っていき、この筋肉を下までストレッチするようにつまんでいきます（イラスト2）。

1

あごの骨をがっちりつかむように、親指の力であご先から揉みほぐしていく。手のひらを広げて親指でひっかけるようにしてもよい。

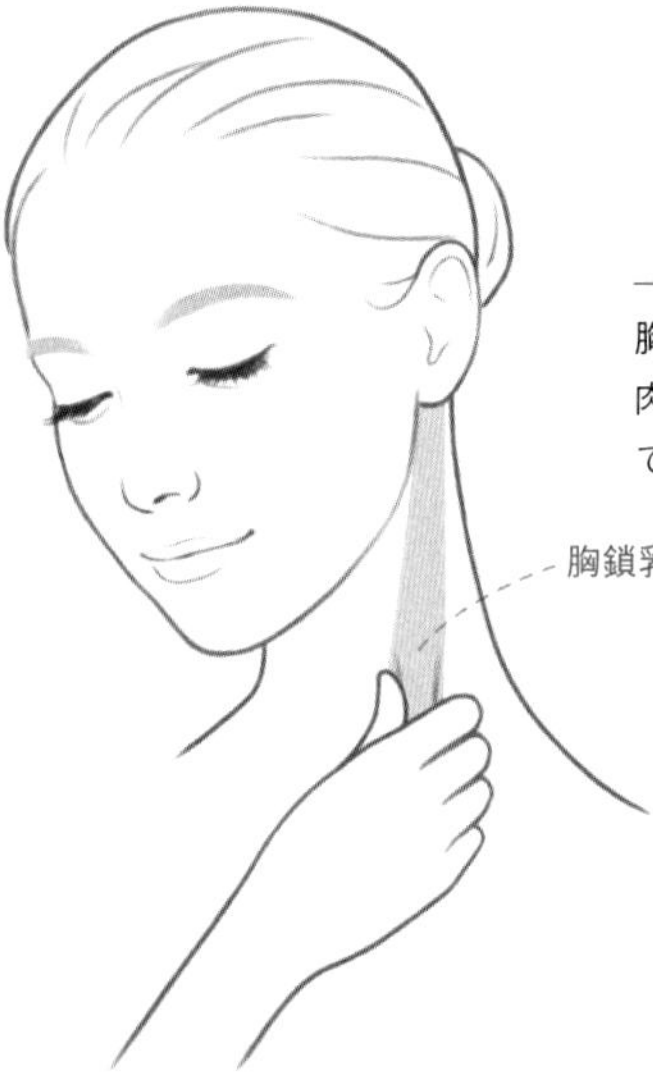

2

胸鎖乳突筋という大きな筋肉をつまみ、鎖骨あたりまでマッサージ。

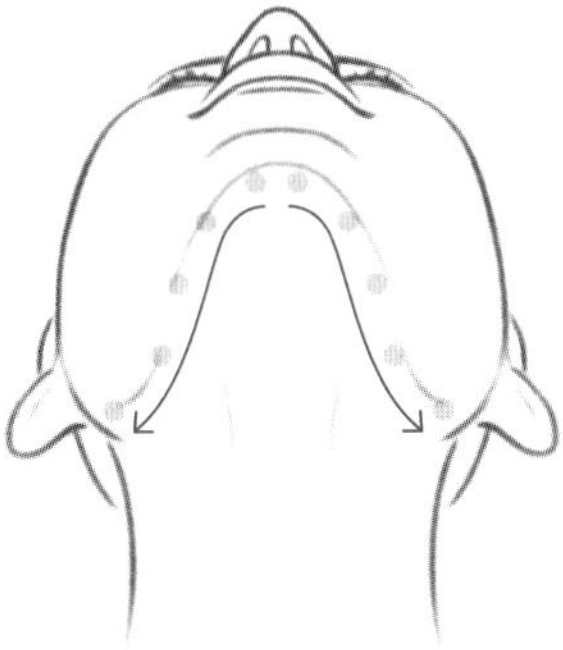

3

下から見たときの、親指で押さえるポイント。

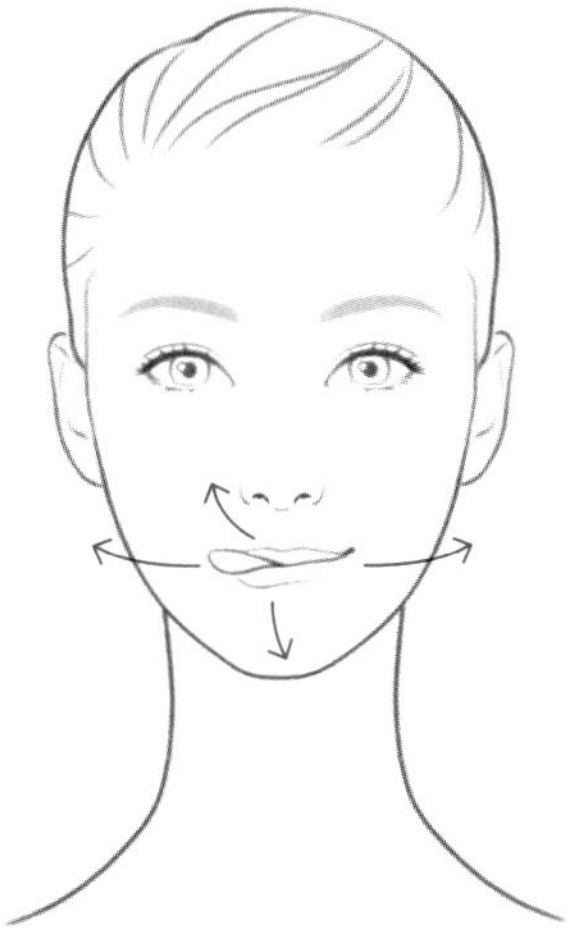

4

舌を思いっきり突き出して、上下左右に動かします。

STEP 4

左右とも終わったら、またリンパに沿って手のひらでパッティングしながら、いまつまんだ首元を刺激して流しましょう。

舌を突き出して、上下左右に動かすストレッチをしてもいいでしょう（イラスト4）。

47

ジュミ式マッサージ〈6〉頬骨がすっきりするマッサージ

リンパの流れを意識しながら、ゆっくり、骨格に沿って押さえていきます。

ここまで紹介したマッサージはすべて頬骨がすっきりする効果がありますが、あえて頬骨だけに着目すると、このマッサージが効果的です。

頬骨は、側頭筋の骨のところにパカッとのっかっています。この3つを柔らかくしてあげないと、頬骨は出てきません。頬骨を出そうとすると、ここの炎症をとるのもすごく大事です。もちろん側頭筋のリンパも流してあげないと、頬骨は出てきません。

STEP1

耳の下に穴のように凹んだ部分があります。顔に流れているすごく大事な5本の神経があるところです。まずここから刺激してあげましょう（イラスト1）。初めにここを押すことで、顔全体を起こしてあげます。

ちょっと痛いときは、5秒ぐらいかけてゆっくり3回ほど押してください。初めは痛くても、しばらくすると指がすっと入っていきます。ゆっくりでいいので、痛みや、痛みがなくなっていく感覚を覚えてください。

STEP2

次は耳下腺といわれるリンパをきれいに流してあげましょう。あごの角から始めてもいいし、こめかみから始めてもいいです。

こめかみから始める場合は、図のピンクのところ、こめかみからサークルモーションしてもいいし、5秒ほど押して、離して、5秒ほどまた押すことを3回繰り返します。

一つのポイントが終わったら、下に行きます。耳の横をつたって、一つ一つ階段を下りるようにあごの角まで同じことを繰り返してください（イラスト2）。

ここは5カ所あり、1カ所につき10秒ぐらいなので合計1分ぐらいかかります。

STEP 3

終わったら次は頬骨です。こぶしの指の関節を使い、頬杖をつくような感じで頬骨の下を持ち上げてあげましょう。指の第2関節を頬骨の間に入れる感じです（イラスト3）。意識的にちょっと間をあけて押しながら、グリグリしても気持ちいいでしょう。ここも咬筋があるあたりなのですが、コリがなくなってくれることで、頬骨が出てきます。これをゆっくり10秒間。

「ここに穴がある」といったところにも、同じことをし、最後にリンパを流します（イラスト4）。

マッサージをしていて痛いときは、もしかしたら神経に当たっているのかもしれな

1

頬に広がっている、大きな5本の神経を刺激してあげると、顔全体が目を覚まします。

2

耳下腺に沿って、2本の指で、ゆっくり10秒ずつ5カ所ほど押していきます。

3

こめかみからあごのラインまで、こぶしでグリグリとサークルモーションでほぐします。頬杖をつく感じで。手首のスナップを効かせながらほぐしてもいい。

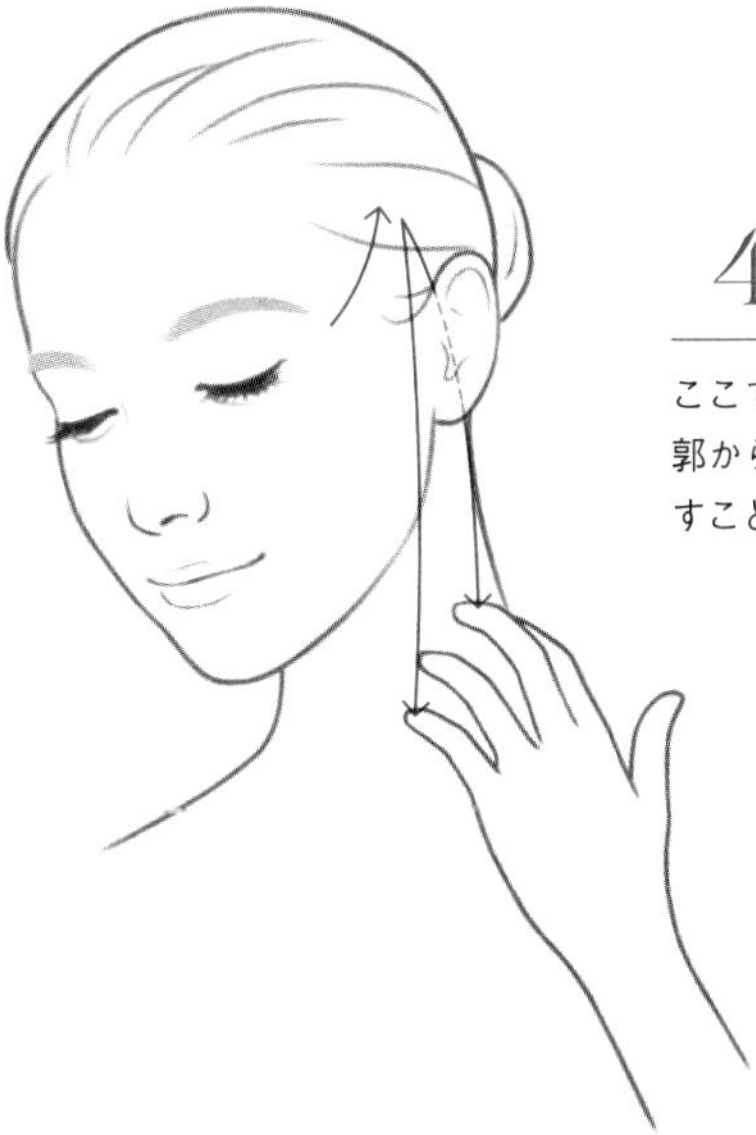

4

ここでも仕上げに、顔の輪郭から首筋までリンパを流すこと。

いし、もちろんこっている場合もあります。いずれにせよ「イタ気持ちいい」程度にとどめてください。

ここで紹介したやり方を参考にして、自分が一番気持ちいいと思われる箇所から始めてください。すべて完璧にしなくても大丈夫。できることから始めていけばＯＫです。３分しかない人は３分でもいい。３分でできることを毎日してください。

自分のペースで、自分ができることをするだけで、かなり顔は変わってくることを実感できるでしょう。

48 いつでも手軽にできる耳マッサージ

仕事中のリフレッシュにもお勧め。
ズボッと指を耳の中に入れてほぐします。

耳って、たまにマッサージすると気持ちいいですよね。耳には100以上のツボがあると言いますから、マッサージするとさまざまな効果が期待できます。「むくみをとるマッサージ」に耳のマッサージを加えてもいい。耳は顔のようにシャワーやお風呂のときでなくても、別に日中でもマッサージしてもらっていいのです。

ストレスが溜まったなと思ったら誰かに耳を引っ張ってもらったり、マッサージしてもらったりしてもいい。耳の穴に指を入れて、中から骨を押すこともできます。

自分で耳の穴を触ってみるとわかりますが、左右の耳の穴の大きさは決して均等ではありません。私は右のほうが小さい。なぜなら体の右のほうがこっているからです。こっていると血流が悪くなり、耳の周囲の組織にいらないものが溜まるので、耳の穴が狭められるというわけです。

それを流すには、まずは耳の穴から広げればいいのです。上、下、前、後ろを10秒くらい押したり、耳下腺というリンパ腺のところの軟骨をちょっと引っ張ってもらったりしても、溜まっているものが流れます。

耳をマッサージしたあとは、耳が通ったような、耳がよく聞こえるようになったような感覚が得られるはずです。

1

耳の穴に指をぐっと入れ、中のツボを強く押す。耳の穴をつかんだまま、ゆっくり耳を上下に動かしてもいい。

49 キッチンでつくれる手作り化粧品

ちょっとした工夫で、食べ物もスキンケアグッズに。
遊び感覚で、楽しいですよ。

1 世界がうらやむ酒《さけ》粕《かす》スキンケア

実は食べ物のなかには、化粧品に早変わりするものがたくさんあります。

私のインスタグラムで、最近、日本の酒粕の写真を説明とともにアップしたら、クライアントの一人であるニューヨーク・タイムズのライターさんが、「なんて面白い美容成分なの」と興味を持ってくれました。

酒粕に含まれる麹酸《こうじさん》は、すばらしい美白成分なのです。これはいまや世界で知られるようになり、いろいろな化粧品にも取り入れられるようになりました。

でも私たち日本人なら、わざわざ化粧品を買うまでもありません。お米の形が残っているような麹や、もろみや塩が入っていない酒粕だったら、自分の愛用のクリームなどに混ぜて使うとすごく肌が白くなります。大豆1個分ぐらいの酒粕に対して、クリームは小さじ1杯分ぐらいの割合です。シミなどには、そのまま酒粕をポッと置いて、そのあと洗い流せばOKです。

2 片栗粉のゴマージュ

片栗粉は炎症止めにいいので、クリームなどにちょっと足して塗ってあげると、余分な角質を落とすゴマージュに変わります。

作り方は自分の普段使っているクリーム大さじ一杯分に、片栗粉をちょっとつまむぐらい入れる。そこに水を足してもいいし、出がらしのお茶っ葉を足してもいい。それを顔に塗り、5分ぐらい置いて肌に馴染んだら、指で軽くこすって落としていきます。角質など老廃物が保湿剤と一緒にとれてくれるから、ツルツルしっとりになります。

片栗粉は料理に使ったあと余りがちですし、入れる量は本当につまむぐらいの少量でＯＫ。安価なので、全身に使っても惜しくありません。

3　アイスキューブで引き締めマッサージ

夏は氷のマッサージキューブもよくつくります。専用の製氷皿に水を入れ、お気に入りの化粧水やエッセンシャルオイルをたらして、凍らせます。それをすごく暑い日にお風呂に入りながら、顔に当ててマッサージするのも気持ちがいい。氷が溶けながら、化粧水なども一緒になって香りが立ち、すごくいい気分になります。

4　ティータイムに出しながらスキンケア

美白には、お茶を飲んだあとのティーバッグを使いましょう。飲み終わったティーバッグを捨てる前に、そのままちょっと水気を絞って、ガーゼを使うときと同じような感じで肌をこすると肌がピカピカになります。その後は、化粧水の後にクリームを塗るように、いつものお手入れをすればOK。洗い流す必要はありません。

茶葉はグリーンティー系のものが安心。ミントやジンジャーなどは刺激が強く、肌につけるのは不向きです。ジャスミンティーには消炎作用があります。

基本的に食べ物でつくる化粧品は口に入れるものだけに、それほど危険はありませんが、使う量は控えめにしてください。酒粕やもろみなどは生きたイーストが入っているから、特に量を少なめにしたほうがいいでしょう。シミのある箇所だけのスポットトリートメントにはいいのですが、顔全部に使用する場合は、必ずクリームか何かと混ぜて使ってください。

それに、食べ物だからといって安心な成分ばかりとも限りません。唐辛子の辛み成分であるカプサイシンがときどき唇を膨らませるための化粧品に入っていたりします。でもこれは刺激物なので、もともと乾燥肌の人などは、赤くなったりかぶれたりします。

ですからすべてに言えることですが、無理なく、自分の肌が安心できる成分を使ってください。キッチンにあるものでお手軽にコスメをつくるのは、気持ち的にも楽しいものがあると思いますよ。

CHAPTER 5

生活習慣から素肌を変える

50 日焼け、ストレス、糖分は炎症の原因に

体へのダメージをいかに減らすか。
それもアンチエイジングには必要な要素。

どんな毎日を送るかによって、肌の状態はまったく違ってきます。最後の章では、日常生活を送るうえでの注意点をお話ししたいと思います。

何度も言うように、肌にとって日焼けは一番の大敵。日焼けによって、肌の表面からダメージを受け、免疫機能も抑制されます。アンチエイジングケアを日々行ってい

ても、日焼けすれば、その努力も無駄となるわけです。アンチエイジングとは「アンチダメージ」であることを忘れないでください。

日を浴びることで唯一プラスな点は、ビタミンDが肌から体に吸収されること。ただ、ビタミンDは日中普通に生活しているだけでも摂取できますし、食べ物やサプリメントからでも補うことができます。

そして、精神的なストレスとそれに伴う体の炎症も大敵。すでに述べたように体の炎症の主な原因はお酒、ニコチン、ストレスや食生活などです。

これらはすべてつながっているのがわかりますか？

つまりストレスがあるから食生活も乱れ、お酒、そしてニコチンというストレス解消法で発散する。ストレスの逃げ道を食生活、ニコチンやお酒に向けていると、いずれはそれらを直《じか》に受け入れる内臓が疲れてしまい、肌だけではなく健康面でのバランスも崩れ始めます。

ですので、まず第一歩は、自分に合ったストレス解消方法を見つけることです。ストレスは現代社会を生きていくうえでどうしてもついてくる厄介なもの。だからそれをリリースできる健康的な方法を自分で見つけてください。ヨガであったり、瞑想であったり、登山であったり、睡眠時間を8時間とるなど。ストレスを感じると自分を痛めつけるのではなく自分をいたわってあげてください。

「肌は心と内臓の鏡」と言われますが、本当にその通りです。つまり生活習慣が肌に及ぼす影響はとても大きいのです。

51 病気も肌も、傷ついてから治すのではなく、予防が一番

美容の面でも健康面でも、「予防する」意識の高さは、アジア人の美徳です。

日本の女性は他国の女性に比べると、肌を守る生活習慣が自然と身についていて、すばらしいことだと思います。日焼けにはすごく気を使うけれど、一方でスクラブ洗顔を毎日したり、毎日何か酸性のもので肌をピーリングしたりするような人は少ない。大半のアメリカ人たちは、「ダメージを受けてもリペアすればいい」という感覚な

ので、アジア人特有の「ダメージを受けないように予防する」という感覚と観点が異なります。これは東洋医学と西洋医学の教えの違いから来ています。

東洋医学は、その人がもともと持っているものを守っていこうという発想です。つまり予防が一番大事だと考える。一方西洋医学は、何か病んでしまったところがあったら、その部分を切除しましょう、あるいは薬で治しましょうという発想です。

私がよく雑誌のインタビューなどで言うのは、「あなたが持っているものを守ってください。持っているものを守れないのであれば、アンチエイジングなんて不可能です」ということ。

健康に関することはすべてそうですが、病気になってから治すよりも、まず病気になりにくい体を保つのが一番。肌も同様で、予防がとても重要です。日焼けしてからビタミンCを飲むことも大切なのですが、まず日焼けしないことが大事。そうすることで免疫力を高めて、肌がもともと持っている防御力を蓄えていきましょう。それが5年後10年後の差として肌に出ます。

肌の免疫力がある人は、日焼けのダメージも少ない傾向にあります。たとえばちょっと外に出てしまい、10分ぐらい日光に当たっただけでも、免疫力が強い人のダメージのあり方と、免疫力が弱い人のダメージのあり方は全然変わってきます。

ベランダで洗濯物を干すときなど、「ほんの10分ぐらいならいいや」と思いがちですが、どんなにすばらしいといわれている日焼け止めでも、すべての紫外線（UVA、UVBともに）をカバーすることはできません。日傘をさす、帽子をかぶるなどして、紫外線を物理的に遮断するようにしてください。

実を言うと私は、小学生のころから日光アレルギーがありました。運動会の練習で一日中校庭に出ていたりすると、太陽の光で全身かぶれてしまう。ですから小さいころから海に行きたくても行けませんでした。

大人になったいまでも、直射日光に短時間でも当たると赤いブツブツが出てきます。普通に街を歩いていても、晴れた日は肌をすべて隠さないと絶対にかぶれてしまう。ですからいま、子どもたちをビーチに連れて行くときは、夫に行ってもらうか、もしくはアレルギー反応を覚悟して行くしかない。

「ジュミさんの肌は真っ白ですね」

と言ってもらえることがありますが、これは私の生まれつきのアレルギーのおかげなのです。この日光アレルギーがあったからこそ、いかに太陽から肌を守ることが大事なのかを身をもって証明できるのです。

52 ホルモンバランスを整えることは肌を整えること

自分自身のサイクルに、敏感になること。
体のサイクルに合わせて、肌も変わっていきます。

私たち女性は、生理の前になるとニキビができるとか、生理のときは顔がむくむとか、女性ホルモンの変動が肌に与える影響を、経験から学んでいるのではないでしょうか。やはりホルモンバランスを整えることは、きれいな肌をつくる基本です。

「婦人科を受診したとき、生理が何日周期か聞かれて答えられなかったら、医師からものすごく怒られた」

という女性がいましたが、この場合は怒られてよかったのです。もっと自分の体に関心を持ってほしい。すごく生理痛がきついとか、反対にまったく生理がないとか、そういう異常があれば婦人科の診察を受けてみてください。

ただし個人的には、ピルなどで人工的にホルモンバランスをコントロールするのは危険も多いように思います。ピルは避妊目的もあるかもしれないけれど、アメリカではニキビの治療としてよく使われます。そのため10代からピルを飲んでいる人が多く、20代でピルをやめたら一気にニキビが出てきたとか、生理が1年以上来ないとか、そういう話をよく聞きます。

だから私は、10代の女性から、「ニキビ治療の一環で、ドクターからピルを飲むのを勧められている」などと聞くと、まずその人の食生活、ライフスタイルがどういったもので、それがどのように肌に影響しているのかを十分に理解してもらいます。よほどひどい場合やほかに理由がある場合はともかく、10代のニキビは一時的なホルモンバランスによるものが大半です。薬を手にとる前に、まずは食生活やライフスタイルで改善できる点があるかどうか見直しましょう。

53 自分に合うコスメの選び方

サンプルは、旅行のチャンスまで待たずに
日常的にどんどん活用しましょう。

「私にはこの化粧水が一番」

「私の肌に合うのはこれだけ」

というように、自分で化粧品の定番を決めてしまっていませんか？

その結果、何十年も同じものを使い続けているとしたら、もったいないことです。

なぜかと言うと、ずっと同じものを使っていると、その化粧品で変われる範囲に限界があるし、年齢や季節ごとに肌のニーズも変わるからです。ですから季節ごと、または年齢ごとに違う化粧品を試して使ってください。

愛用の化粧品を変えるのは面倒くさいとか、せっかく合っているものを別のものに変えたことで、肌の調子が悪くなったりするのは怖いという気持ちもわかります。

でも私たちは、年齢を重ねるにつれ肌の水分、油分を失っていきます。成分もそうですが、テクスチャーもある程度変えていく必要があります。

ではどうやって自分に合ったものを選ぶか。それは、気になるサンプルをもらってどんどん試してみること。

サンプルを使った時点で肌が変わったら、迷わずにそれを買っていいと思う。よく「1カ月は使い続けないと本当の効果はわからない」という人がいますが、毎日自分の肌に触って、自分の肌をよくわかっていると、たった一日二日でも合っている、合っていないがわかります。私は商品のよし悪しを見極めるのが仕事の一環でもあるので、自分の肌につけた瞬間にわかります。

ですからどんどんサンプルをもらって、試して、違いが出たら、一つずつでも買ってみたらいいと思います。

よくないのは、宣伝文句を鵜《う》呑《の》みにしてしまうこと。私たちは日々、多数の広告に囲まれて生活をしています。すてきな宣伝広告に惹かれる気持ちは十分に理解できるし、そういう広告をつくっているプロの方々も本当に尊敬します。ただし、それが自分に合うかどうかは自分で見極める必要があります。

ですので、本当に自分の肌に合った化粧品かどうか、成分表を見て見極めるのも消費者の責任だと思っています。成分表に書いてあることは、最初はチンプンカンプンですが、勉強すればわかるようになります。

54

オーガニックなものだから安心？

成分を見る習慣は、
オーガニックコスメでも必要です。

いわゆるオーガニックコスメでも、やはり成分次第です。肌に合う成分がオーガニックや植物成分でできているに越したことはないですが、「肌を変えたい」というのが化粧品を使用する一番の願望なのであれば、有機か無機よりも、まず成分の機能性を重視する必要があります。

肌はオーガニックであろうが、オーガニックでなかろうが、肌の構成に通じる成分にしか反応しません。たとえば肌の脂質に似ているもの、肌のヒアルロン酸に似ているもの、肌のセラミドの構成に似ているものです。

オーガニック化粧品のよい点は、目に入ってしまった、鼻に入ってしまった、赤ちゃんや子どもに使いたいというときでも安心できること。ただ果たしてそれが科学的につくられた化粧品よりも、断然お肌に効果はありますかと聞かれると、そうとも言えません。

「遠くの国の果実からこんなに貴重なオイルを抽出してきました」というのはすてきですが、では果たしてそのエキゾチックな成分がどこまで肌にいい変化を与えられるのか。もちろん自然なイメージを喚起されて使うたびに気分がよくなるとか、いい匂いがするので使っていて楽しく、脳から幸せホルモン「エンドルフィン」が分泌されることにより肌の脂質が増え、肌にハリが出てくることはありますが、やはりオーガニックという言葉でひとくくりにするより、化粧品に含まれる成分ごとの機能をちゃんと理解して、自分の肌には何が必要なのかという観点から化粧品を選んでいくことが大切だと私は思います。

逆に、あるオーガニックブランドのオイルの匂いが大好きだとか、とあるクリームの肌に残る感覚が大好きだとか化粧品を選ぶ理由はたくさんあります。自分が何を基準にして化粧品を買い求めているのかで決まってくる方向性ではないでしょうか。

55

ファンデーションは本当に必要？

アイメイクとリップさえあれば、
ファンデーションはなくても意外と気づかれない。

どんなメイク落としを選ぶかは、メイクが濃いか、薄いかにもよります。ですから自分にぴったりのメイク落としを選ぶためには、まず自分がどんなメイクをしているかを知る必要がある。

しかしその前に、なぜそんなにファンデーションをつけないといけないと思っているのでしょうか。肌のシミを隠すため？　恥ずかしいから？　何となく？
しっかりとファンデーションをつける人は、素肌をファンデーションで覆い隠さないといけないと思っているわけですよね。シミ、目の下のクマ、肌の色むらが気になるという理由もあるかもしれない。でも肌を健康にしていけば、キラキラ輝く、ファンデーションいらずの肌をつくれるのです。

それから日本では肌の状態とは無関係に、化粧をするのがマナーであると言われていて、特に仕事をする場合、素顔だとわかると「手を抜いている」と思われるところがあるのかもしれません。

でも眉毛を描いて、マスカラをして、口紅さえ塗っていれば、素顔には見えませんよね。

私もファンデーションは一切塗っていませんが、「ファンデーションしてないね」と指摘されることはありません。自分から「ファンデーションは塗ってないんだよ」と言わない限り、誰も気づきません。

毎日マッサージを続ければ、みんなファンデーションいらずのキラキラ輝く素肌を取り戻せる。もしくは気になるところに軽くつけるだけとか、ポイントメイクだけですむようになる。

ちょっとお出かけするときとか、パーティーに行きますとかいうときは、普通にファンデーションを塗ればいい。「素顔のままでは裸で人前に出るみたいな気がする」という人もいますが、精一杯ケアしている健康な肌であれば、隠すものや恥じるものは一切ないはず。だってそれが自分の肌なんだから。

また、ファンデーションは日焼け止めの効果があるから、紫外線を防ぐ意味でもファンデーションをつけたほうがいいという声もよく聞きます。

でもよく考えてほしいのですが、ファンデーションに紫外線カットの成分が入っていたとしても、紫外線はどんなところにでも入ってきます。車の窓ガラスからも入ってくるし、セーターを着ていても、ジーンズをはいていても、生地を通して紫外線は入ってくる。

ですので、紫外線をカットしたければ、まず日焼け止めを塗ってください。

もっとも、最近はありがたいことに、アメリカではミネラルメイクアップと呼ばれるUVカットの成分が入っているファンデーションもあります。主な成分が、前の章でお話しした酸化亜鉛と酸化チタンでできているので、そのリキッドファンデーションや固形ファンデーションを塗ることは、日焼け止めをつけているのとまったく一緒。

私が皆さんに最も理解していただきたいのは、「ファンデーションは絶対につけないといけないものだ」とか、「私は自分の肌が好きじゃないからファンデーションで隠さなければ」という発想から自由になってほしいということ。

どうして自分の肌が嫌いなのか。その原因は何からきているのかということと向き合ってほしい。そのためにも隠すのではなく、自分が自分で欠点と決めつけてしまっていることは何かをまず目で見て、受け入れてほしい。

毎朝コンシーラーを塗ったり、何種類ものファンデーションを塗り分けたりしているなら、その努力を自分の肌そのものを変えることに向けたほうが、根本的な解決につながるのではないでしょうか。

56

ガムを噛む習慣はいますぐストップ！

噛んでいると「顔がヤセそう」。そのイメージは、思い込みです。

健康の観点からは、軟らかいものばかり食べていると、噛む力がなくなるから、固いものを食べてあごを鍛えたほうがいいと言われています。でもあまり固いものを食べすぎると、咬筋を使いすぎることになる。

筋肉というのは、使えば使うほど硬くなってきます。もともと歯ぎしりをよくされる方は、固いものを食べすぎてはいけないし、ガムなども噛んじゃいけない。私のクライアントの中で、偏頭痛や歯ぎしり、顔の筋肉のコリに悩んでいる方々には、ガムを噛むのを一時的にやめてもらいます。

ガムをやめてもらうことで、歯ぎしりや顔の痛みがいくぶん減ってくるし、ハリなども多少変わってきます。歯ぎしりをする人、噛みしめ癖のある人は、いわば、日々咬筋を鍛えているわけなのです。

「健康のため固いものを噛んでください」というのは、噛むことで脳の満腹中枢に信号が送られるから食べすぎを防止できるという理由でしょう。それはいいことだと思いますし、食事ならせいぜい20分くらいあれば食べ終わる。

もしもガムを噛まずにはいられないというのであれば、ガムの味がなくなった時点で吐き出してください。

57 手のマッサージを怠らないなら、美顔器を使ってもいい

直接自分の指で感じないと、わからないことは多いのです。

家電量販店に行くと、ダイヤモンドのようにカットしたキラキラした美顔器やマッサージ器などがたくさん売られています。特に日本の電化製品の品質は世界一。自宅で使える美顔器も世界一と言えます。

もちろんこれらの器具を使ってもいいと思う。１秒間に１００万回振動する超音

波美顔器などは、顔をクレンジングするときにすごく役立ちます。クレンジングと一緒に使えば、皮膚の汚れをきれいにとってくれる。

でもそれを使ってマッサージするとなると、自分の顔に直接触るわけではないので、どこにコリがあるかがわからない。「ここがこっている」「もう流れていいよ」というメッセージが自分の脳に送れていなければ、せっかくマッサージをしても１００％の効果は得られません。

ただ単に流れ作業みたいな形でしているだけなら、何のために、どうしてマッサージをしているのかという意味さえもなくなってきてしまう。

現代社会においてテクノロジーに囲まれて生きている私たちは、本来の自分とのDisconnect（＝切断）が日常的になっている。ですので、せめて自分の顔をケアするときには、自分とConnect（＝接続）してほしい。

本当に顔が変わりたいのであれば、自分と向き合って、自分のコリをわかって、それを自分の手でゆっくりとほぐしていくことが大切。

どうしてみんな美顔器を使いたがるのかと言えば、モノに頼ることで安心感を得られるからではないでしょうか。「5分間肌の上でコロコロ転がすだけで、奇跡のようにこんなに肌が変わるんですよ」と言われると、信じたくなる。

努力の方法をちょっと変えるだけで、顔ってすごく変わるのに、何かに頼りたいんだと思う。これは全世界の女性が抱く気持ちだと思います。

だからクリスタルの石を使ったり、流行りのカッサを使ったり、大好きな美顔器をテレビを見ながら使ったりしてもちろんいいと思う。

でも、それが終わったら道具を置いて、手を使ってねということです。

せっかく何か道具を購入して、自宅でケアをするなら、健康な肌の上からすることで効果もプラスになります。本来の肌の機能を最大限に生かすためには、やはり日頃からマッサージは欠かせません。

58 体のコリもマッサージでこまめに解消

体のコリも、手で感じて治すもの。

私は週に一度のペースでボディマッサージを受けに行きます。顔も体の一部ですから、体の血流をよくすることももちろん重視すべき点であり、体のコリをほぐさないと顔にまで影響を及ぼします。顔のゆがみや首のゆがみも、結局骨盤や脚のズレなどから来ていることが多いからです。

肩がこっていると、顔から流したものがその下まで流れきれずに、すぐに再び顔がむくみやすくなってきます。ですので、できるだけ頻繁に体のマッサージを受けてください。

頻繁にと言っても、お金の問題もあるかもしれませんが、私から見れば日本はマッサージが上手な方が多く、料金も安いうえ、至る所にあります。「リンパマッサージ」という看板を掲げていなくても、体の血流がよくなればいいので、普通の駅前のマッサージ店などをどんどん利用したらいい。

私はいつも帰国するたびに、目の不自由な方がやってくださるマッサージを受けにいきます。目が不自由な方の触覚は非常に鋭敏なものがあり、とても勉強になります。もしあんな高いスキルを持っていらっしゃる方がアメリカへ来られたら、一般のセラピストよりももっと価値が上がると思う。

なぜなら私たちの仕事は、いわば手で会話をするようなもの。人の体を触るというのは、手の感覚が鋭敏でないとできない仕事だからです。

59 首のシワを防ぐ、枕ナシ睡眠

眠っている数時間は、
日中の体の締めつけから解き放たれる貴重な時間。

「枕が高すぎると首のシワの原因になる」と聞いたことがないでしょうか。

私は枕を、30代に入ったころから夜寝るときに使わないようにしています。

私たちの体は寝ている間に無意識に寝返りを打ったりして、体のズレなどを直しています。でも枕があるせいで、自由に首が曲がらなかったり、動ける範囲が狭められたりする。寝て起きたら肩や首がすごくこっていたのは枕のせい、ということがよくあります。

ホテルに泊まると、たいてい枕がすごく分厚くて柔らかく、寝違えそうになるほど。だから私はホテルに着くと、まず枕を全部どけてしまいます。アメリカでは、シルクでできた本当に薄い一枚の布のような枕が売り出され、最近流行りだしています。

さらに言えば、私は寝るときにパジャマは着ないで、パンツしか身に着けません。なるべく締めつけないようにしたいからです。

「寝るとき用のブラ」も売られているけれど、バストがたれるのは顔のたるみと同じで、筋肉の衰えのせいなのである程度は仕方がない。反対に寝ているときに締めつけたりすると、体が自分で調節できなくなってきます。ですから寝るときくらいは体を自由にしてあげてください。

日本の女性はガードルやボディスーツなど、体を締めつける下着を比較的いやがらずに着る人が多い。その熱意は尊敬しますが、でも本当に体にとってよいことなのでしょうか？　本当に締めつけて細くなるのであれば、みんなもっと着ているはず。締めつけによって血流が悪くなるから、さらに太りやすい体になるだけではないでしょうか。

細くなりたいなら一時的に締めつけるより、ちょっとお腹が出ている自分を認識してほしい。そうすると「食生活を変えてみようかな」とか、「歩くのを10分ではなく、30分にしようかな」とか、行動が変わってくる。もっと自分を理解するところからスタートしてほしいと思います。

60 生活習慣タイプ別、顔と肌への悪影響

お酒も間食もタバコも、自分が納得して欲しているなら楽しめばいい。

肌によくない生活習慣はたくさんあります。たとえばお酒を過剰に飲む。ジャンクフードや甘いものを食べる。タバコを吸う。夜更かしが好きで慢性睡眠不足など。甘いものや糖分の多いお酒がなぜいけないかというと、糖が血液中に流れ、肌のタンパク質を破壊するからです。肌のタンパク質というと、健康な肌には欠かせないコ

ラーゲンやエラスチンのこと。このやっかい物質をAGEs(Advanced Glycation End Products)と言います。

タバコに含まれるニコチンは血液の中に流れ、肌の下に溜まっていきます。だからヘビースモーカーは顔色がグレーっぽくなり、その上からできたシミやシワはより濃く見えてしまいます。

でも私は「お酒を飲みすぎるからあなたの肌はきれいになれないのよ」とか、「甘いものがやめられないなら、きれいになるのはあきらめなさい」などと言うつもりはありません。

なぜならお酒も、甘いものも、タバコも、誰でもみんな、どれか一つは絶対にしているから。していない人なんていません。実は私もいまでこそやめましたが、20代まではタバコを吸っていました。

本人も自覚している痛いところを突いても仕方がないし、完璧な人間もいない。人それぞれ、できる努力は違うだろうし、生活環境も違う。それに「甘いものを食べてはダメ」と言ったところで、食べずにいられる期間なんて、せいぜい1週間から1カ月くらいだし。

それを「絶対にダメ！」と言ってしまうと、その悪影響はほかのところにもっとひどい形で出る。気持ちは理解できるけど、もっと違うやり方もあるということを読者の方には伝えたい。

それには、どういうときに自分が甘いものを食べたくなるのか、お酒を飲みたくなるのかを知ること。

たとえばストレスを感じたときに甘いものが欲しくなる人は、甘いものに自分を安心させる要素があるからなのです。それは恐らく幼少時代、お母さんなど大人が「いい子にしていたからおやつをあげる」というように、甘いものがご褒美だったことがあったりして、そのときの安心感やぬくもりを思い出すからでしょう。

だとしたら、「ほかにどうすれば、私は安定した気持ちになれるんだろう」と考えてみる。それはお風呂に入ることかもしれないし、散歩することかもしれない。甘いものを完全にやめようとするのではなく、少しずつ別の方法に置き換えていけばいいのです。そして食べるときは、なんとなく食べるのではなく、ゆっくりと味わって食べること。

あるいはお酒が好きな方は、なぜ自分がお酒を好きなのか考えてみてほしい。「お酒を飲むとリラックスできるから好き」なのであれば、お酒だけに頼らず違うリラックスの仕方を探してみることも大切です。

健康な範囲内で楽しむなら、自分の幸せを感じられるひとときとなり、もちろんいいと思う。お酒の種類を糖分の少ないものに変えてみるとか、お酒を飲みながらお水もたくさん飲むようにするとか、週にお酒は3杯とか分量を決めるのもいいでしょう。そんなふうにして自分でできる調整を自己責任でしていってください。

お酒でも甘いものでもニコチンでも、体に及ぼす害を理解したうえで、ほどよく健康な範囲でお付き合いできるといいですね。

61 食欲は、心と健康のバロメーター

摂食障害だった私が感じたこと。

私は10代の初めから20代にかけて、摂食障害で苦しんだ時期があります。始まりは高校2年生のある日、どうしても細くなりたくて、食べるのをやめたのです。

初めは夜ご飯を抜いた。次はお昼ご飯を抜いた。そして朝は、ほんの少ししか食べなくなりました。次は食べたら吐く、食べたら吐くという嘔吐《おうと》を繰り返すようになっ

てしまった。その後は朝食だけ食べて、ずっとダイエットコーラだけを飲む生活。私は健康なときで52~53キロなのですが、そのときは42キロぐらいにまで落ちました。細くなると達成感があったのです。周りに認めてもらえるというか、服を着てもカッコよくなれる自分がいるような気がした。

そうやってガリガリになった私が、ある日道を歩いていると、草か何かが腕に当たったのです。たったそれだけで、それから10分以内に全身に赤い斑点ができた。いま思えば、「もっと栄養をくれ」と体が叫んでいたのでしょう。そのときは、「ちょっとこれはおかしいな」と思いながら、それでも繰り返していました。

短大に入ると、今度は過食症です。きっかけは、そのときすごく仲のよかった友達と自分の彼が浮気をしていたのが発覚したこと。その日を境に食べて、食べて、食べて、学校も行かずに家に引きこもりました。すごく落ち込んで2週間で10キロ太ったのです。最後のほうになると食べ終わったポテトチップスの袋の処分に困り、「これ、ゴミ箱に捨てたら親に見つかって怒られるよね。袋ごと飲み込んだほうがいいのかな?」と真剣に考えていた。

そのとき「あれ?　いま私、何考えてた?」と気がついたのです。

そのころちょうど短大の先生から電話があり、こう言われました。

「これ以上出席しなかったら、君は留年する」

卒業できなければ私はアメリカに行けなくなる。それだけは絶対にイヤでした。20歳になったら絶対アメリカに行きたかった。だから恥ずかしかったけれど、その太った姿のままで短大にまた通い始めました。2週間で一気に10キロ太ったので、顔に妊娠線のような赤いひび割れが出ていたし、あんなに細かった人間がパンパンに腫れているわけだから、周りのみんなはギョッとしたと思います。

でも普通に振る舞ってくれる友達の優しさのおかげで、ゆっくり回復していきました。

それでも20代の前半のうちは、どうしても朝のうちにたくさん食べてしまうとか、太るのではないかとびくびく過ごす日々がありましたが、一人目の娘を産んだことで、それはどこかに飛んでいってしまいました。

もし「絶対アメリカに行く」という目標がなかったら、まだそのループから出られなかったかもしれません。アメリカに来たことで、私の人生は救われたのです。

日本にいるときは、物事がもう事前に出来上がっているように思えて仕方がなかったのです。つまり10代のころから日本は男性社会だとわかっていた。結局、女性はいい大学を出て、いい会社に何十年勤めたとしても、なかなか社長や専務になれるわけじゃない。その大半の理由が、途中で結婚して、子どもができて退職するという人生が一般的だから。

「もう妻になったのだから」「もう子どもができたのだから」と女性がライフスタイルを変えることを迫られる社会。じゃあ、どこまで努力しても、女性であるということは片腕をもがれたようなものなんじゃないのという疑問は、10代のころから感じていました。

20歳で渡米して以来、いろんな生き方を周りの女性から教わってきました。その中で、日本にいるときにはまったく考えもしなかった、見えもしなかった「女性らしさ」を自分に蓄えることができた。それも、10代のときに自分が抱えていた疑問に耳を傾け、それを行動に移したのがすべての始まりだったと思います。

62 朝は、何よりも先に1杯の水を飲む

ゆるやかに胃を目覚めさせることで、
自然と気持ちも上向きに。

このような経験を乗り越えたいま思うのは、食生活は、自分の免疫力につながるのだということ。まず正しい栄養の知識を持っていまの食生活に問題があればそれを変えてみてください。

そうすると腸が健康になる。腸が健康になると、顔の肌にそれが反映されます。ハッ

ピーな腸＝ハッピーな肌。食物繊維を多くとるとか、温かいスープを頻繁に飲むようにする、お水をたくさん飲むようにする、揚げ物を食べたら、しばらくは揚げ物を避けておくなど、あまり神経質にならず、全体的なバランスをとることを心がけるといいでしょう。

その点、和食の献立はバランスのとれたものが多いので、美味しい日本食を毎日食べられるのは、アメリカ在住の私にはうらやましい限りです。

朝に汁物を飲むのはすごくいいこと。

朝ご飯を食べる前に、まずコップ1杯の水をゴクゴク飲んでください。夏などは冷たい水が飲みたいと思いますが、常温の水のほうが体に優しい。

寝ている間に奪われた水分を補うという意味もありますが、起きたばかりの胃は空っぽです。水を飲んだらすぐ腸まで届くので、便が出やすくなります。

だいたい一日に1・5リットルの水を飲むといいと言われています。どんどん水を飲んで、どんどんトイレに行き、どんどん流していくことがデトックスになります。

ただし、無理をしないでください。

1・5リットルが無理だったら、別に1リットルでもいいし、800ミリリットルでもいい。自分ができることを続けてください。

63

サプリメントをうまく活用する

自分に足りないものに気づけている人は、サプリメントの選び方も上手です。

アメリカでは、ほとんどの人が多種のサプリメントを欠かさず毎日飲んでいます。いっぽう日本の食べ物にはビタミンやミネラルが豊富に入っているものが多いし、食物繊維などもたくさん含まれていますから、日本の伝統的な和食をとっていれば肌にも健康にも問題はありません。しかし最近は欧米文化の影響を受けて、パン食になったり、ファストフードが流行ってきたりして、日本人の食生活が崩れがち。ということで、サプリメントなどで補わないといけなくなってきました。

ただし、サプリメントはあくまでも補助的なものとご理解ください。その前提に立ったうえで、サプリメントの特徴を知って取り入れるようにしましょう。

まずホルモンバランスがよくない人は、オメガオイル、特にオメガ3、6、9を。ホルモンバランスを整えてくれます。

屋外にあまり出ない方は、ビタミンDなどもとったほうがいいでしょう。人間は太陽の光から体に必要なビタミンDをつくり、それが免疫力の強化につながるからです。私は日光アレルギーで太陽の下に行けないので、ビタミンDをサプリメントで補っています。

自分に足りていない栄養素はわかりにくいのですが、貧血気味だったらマグネシウムや鉄分を補うといいでしょう。また炎症止めのビタミンCや免疫力アップにつながるビタミンD、脳にいいというビタミンBは誰が飲んでもいいと思います。

バランスのとれた食生活で、自分自身の免疫力向上を目指しましょう。

64

お風呂の入り方でも肌は変わる

入浴しながらマッサージすれば、
時間の有効活用にも。

日本人はバスタブにお湯をためてお風呂に入りますね。これは体が温まりリラックスできる、私も大好きな習慣です。
いまの女性は仕事や家事や育児で忙しい人が多いですが、一日に一度、バスタブにゆっくりつかれる時間をつくってほしいのです。

シャンプーやボディソープ、入浴剤やエッセンシャルオイルなどを好きな匂いで揃えておくと、その香りを嗅ぐだけでも条件反射で脳がリラックスしようとします。

私の場合、それがジャスミン。ちょっと甘くてすごく優しい香りで、エッセンシャルオイルをちょっとお風呂にたらすとか、お風呂場にスプレーしたりするだけで、入浴したときにすごくリラックスする。

バスタイムは、顔のマッサージをするのに最適です。ですから私はいつも咬筋や側頭筋、目の周りなどに、お湯に浸したガーゼをそのまま貼って、マッサージしたりしています。

それでお風呂につかりながら、「うわ、硬いなあ」とか、「今日は頑張ったよね」と自分と会話しています。私はアメリカでも「毎日バスタブにお湯を溜めてつかってください」と言っています。

アメリカではシャワーですましてしまう人が8割、9割なのですが、みんなお風呂のすばらしさを知ると驚きます。日本の女性の肌がきれいなのは、お風呂という文化もあるからなのです。

お湯の温度はちょっと体温より熱いぐらいのぬるめのほうがいいでしょう。ジワジワと汗をかくくらいが適温です。

65

サウナは肌にいい？

実は男女差あり。
選ぶならスティームサウナを。

さきほども言ったように、汗をかくのは肌のためにはとてもいいこと。でもサウナの種類によっては肌を乾燥させてしまうのをご存じでしょうか。
サウナにはドライサウナとスティームサウナの2種類があり、スティームサウナはそれほど問題ありませんが、ドライサウナは肌の水分を奪っていってしまいます。ひいては炎症にもつながるし、乾燥肌にもつながります。

サウナ好きは男性に多いのですが、男性はもともと女性より油分が多い。これはホルモンの関係です。ですから男性はドライサウナに入っても、肌の乾燥が気になるということはあまりありません。でも女性がドライサウナに入りすぎると乾燥しやすくなります。

目の前が見えないぐらい湯気が出ているスティームサウナなら、肌は乾燥しないので、ぜひ入ってください。サウナの後は必ず水分補給をすることを忘れずに。

もともと汗が出にくい体質の人がいますが、そういう人はお風呂にやや長めに入るとか、スティームサウナに行くとか、岩盤浴など内面から温めて、ジワジワ汗を出すのがいい。そういうところに頻繁に行って、汗とともに老廃物を流してしまいましょう。

66

エアコンとの付き合い方

頭部をうまく保温して、冷え知らず。

真夏や真冬のエアコンが肌の乾燥を招くことは言うまでもありません。空調のきいたオフィスで仕事をしている人は、だいたいみんな肌が乾燥しています。

そこで対策が必要になってきます。たとえば、自分のデスクに小型の加湿器を置いてみる。常に化粧水を持ち歩き、シュッと顔にスプレーしたりして水分を足してみる。

それである程度は乾燥を防止できます。

しかし化粧水をスプレーするときに、ファンデーションが流れてしまうのが気になるかもしれません。

自然な成分のミネラルファンデーションを使っていれば、その上から何を塗ってもケンカしないのでいいのですが、すごくマットなファンデーションを使っていたり、すごく濃い化粧品を使っていたりすると、その上から水などをつけてしまうと、化学薬品の反応で、ネチャネチャしてきたりします。肌につけているものの成分を考えたうえで、物理的に外から水を補う習慣をつけましょう。

もう一つは、内側から水分を補う方法。つまり水を飲むことです。

さらに、コーヒーなどカフェイン系を減らすことも大切です。コーヒーは体が冷える。冷えると血流が悪くなるので乾燥にもつながるというわけです。

だからコーヒーをお茶やハーブティーにかえてみる。特にジャスミンティーやカモミールティーなど、温かいものを飲むのは乾燥にすごくいい。

言うまでもありませんが、エアコンの風が直に当たるところに椅子を置いてそこにずっと座ったりするのは厳禁です。目も顔もガンガンに乾いてしまう。オフィスでどこに座るかを自分で選べない場合は、1時間ごとに数分立ち上がって歩くなどを心がけてください。

日本の真夏は本当に暑いので、冷房は仕方がありませんが、一番肌によくないのはエアコンの暖房です。空気が乾燥し、体から水分を奪っていくからです。コタツや遠赤外線のヒーターなど、なるべくエアコン以外の暖房を使ってください。

よく「首を温めると全身が温まる」と言いますが、それは首にはいろいろな神経があるからです。電子レンジで温めた肩こり用のパッドなどを首に巻くと全然違います。

特に頭が冷えると体が冷えるので、家の中でもニット帽をかぶるのが一番。だいたい風邪をひくときは頭からひくと言います。

頭は人体で一番熱が出るところであり、一番多く神経が通っているところでもあります。頭を守ってあげることで、体がとても温まります。

67 朝の瞑想と夜の瞑想で心もほぐす

意識しないと、
情報を遮断する時間は持てない。

これは時間があるときでいいのですが、できれば朝か夜に瞑想をする習慣をつけてください。

特に小さいお子さんがいる方は、「毎朝8時半に瞑想します」というように時間を決めるのは難しいですよね。ですから朝か夜の必ずどちらかに瞑想をするようにしてください。

私は朝、仕事を始める前に瞑想をすることが多いです。朝はバタバタしているのですが、自分のスタジオに着いたらすべての音を消して、5分間椅子に座り、自分を感じるだけ。このとき得られる感覚は、夜お風呂に入って、マッサージしているときと共通した感覚です。

5分か、長くて7分、携帯でタイマーを合わせて、座りやすい椅子に座り、何も音がない中で目を閉じます。

最初は頭の中にいろいろな声が残っていて、「ああ、あれしないと」「これもしないと」などと雑念が浮かんできますが、瞑想を始めると徐々に頭の中の声が消えていき、自分と向き合うことができます。するとアイデアがひらめいたり、自分の考えが深まったり、直感が鋭くなったりします。自分の頭からホコリをとっているみたいな感覚なのです。

すでに言ったように、自分で自分の顔をマッサージするのも瞑想です。すべてをクリアにして、自分と自分が向き合う時間は、瞑想の時間なのです。

「瞑想するときは座り方や呼吸をこういうふうにしましょう」と、瞑想のやり方を事細かに指導する人もいますが、あまり気にしなくても大丈夫。

たとえばお味噌汁一つつくる方法にしても、難しくしようと思えば難しくできますよね。でもシンプルに、「私にとっては顆粒出汁と味噌を入れるのが味噌汁」だったら、それだけでも立派な味噌汁なのです。ですから自分のできる方法で、自分が続く方法でしてください。

その代わり、必ず呼吸はゆっくりすること。深呼吸を繰り返すことで、人間の心と体はリラックスしていきます。

もし頭の中がガサガサするなら、自分の呼吸の音を聞くようにすると、雑音は消えていきます。何か集中するものがあると、雑音は気にならなくなるからです。

瞑想する場所は、できる場所ならどこでも大丈夫。別に車の中でもいいし、オフィスのトイレでもいい。

ですからあまり形にこだわらずに、瞑想の時間をつくってあげると、気分よく一日を始められたり、すごくよく寝られたりします。どんなに忙しい人でも5分くらいならできるでしょう。自分の呼吸の音に耳をすますだけでもいいので、ぜひやってみてください。

あとがき

最後まで読んでいただいた読者の皆様へ、心から感謝を申し上げます。この本を手にとられた時点から、私からのエネルギーを感じていただけるようを深く願っております。この本を読んでいただいたことで、皆様の本来の美しさがより表面に出ることを心から応援しています。

自分らしさは、自分の手で感じて認識していくもの。そして自分を幸せにすることができるのは自分しかいません。きれいな肌づくりも、その概念と直結しています。一人でも多くの方に、私の美容信念を通じて、個々人のすばらしさを伝えていくことができればという想いを込めて仕上げた一冊です。

今回、思いがけないきっかけで、このような書籍のオファーをいただけました。その経緯についてお話しさせていただきたいと思います。

私がアメリカで知り合った、ママ友の久美ちゃん。日本に帰った彼女から、ある日連絡がありました。彼女の知り合いがアメリカでとあるプロジェクトを計画しているので、その相談にのってあげてほしいとの依頼でした。

実はこういった相談はよくあることですが、場合によってはかなり時間をとられてしまうこともあります。なので彼女の頼みも、受け入れるか受け入れないか、正直言って迷いました。しかし、その連絡があったのは２０１９年12月のこと。実は２０１９年の年初に私が決めた目標は、「ＮＯと言うのをやめる」ということでした。

２０１８年に完全予約制の自分のスタジオをオープンし、２０１９年にはロサンゼルス市から「ロサンゼルス賞」をいただき、その年の年末には私の周りで、ありとあらゆることが目まぐるしく起こっていました。

数社の大手ブランドから同時にアドバイザリー就任のオファーがあり、自社ブランドを立ち上げつつ、本来のフェイシャルの仕事も行い、そのあいまに雑誌のインタビューを受ける。そんな状況の中で、相談を受けるか受けないかを迷っていたら、「いやいや、ＮＯと言わないと決めたよね？」という声が頭のどこからか聞こえてきた。その勢いで彼女にＹＥＳの返信をしました。

年内最後、クリスマス前のニューヨークへ出張中、ランチの時間を利用して、久美ちゃん紹介の相談相手の方と初めて電話でお話しする機会が持てました。その方が、寺田和末さん。海外の方と頻繁にお仕事をされているとのことで、アメリカの事情にも詳しい方だなというのが第一印象でした。

和末さんのご相談をうかがった後、和末さんはこう言ったのです。

「ジュミさん。ジュミさんみたいな方がいるなんて、多分日本では誰も知らないですよね……？　どうして日本での活躍を考えていらっしゃらないのですか？」

という彼女の率直な質問に、少し戸惑ったのを覚えています。どうして日本で働くことを考えてこなかったのか……。アメリカ社会にどっぷりつかってきた私には、思ってもみなかった質問でした。

２００６年にアメリカへ戻って以来、振り返ることなく、無我夢中で走り続けてきた十数年間。アメリカで成功することしか頭になかった私にとって、「どうして日本で活躍することを考えないのか」という質問は、「どうしてイタリアで」「どうしてパリで」「どうしてロンドンで」という質問と同じ意味合いでした。

和末さんに、「どうしてと言われたら、正直、〝考えたことがなかった〟としか言いようがないのかな……」と、クリスマス前の寒いマンハッタンの道端で、せわしなく人々が行き交うなか、マンホールから出てくる白い煙を眺めながら答えたのを明確に覚えています。

私の日本の名前は「大野朱美」。そして韓国名が「ソン・ジュミ（宋朱美）」。日本で発行される韓国籍のパスポートや免許証には、私の本名である韓国名が記載されていますが、日本で生活しているときは韓国名を使うことはありませんでした。しかしアメリカに到着すると同時に、私の名前はパスポートに記載されている「ジュミ・ソン」となりました。

パスポートが韓国籍なので、国名を書く欄には、日本人のボックスにチェックするのではなく、韓国人のボックスにチェックする。そのためアメリカでは、誰も私が日本生まれということを認識する手立てがありません。それにアメリカの社会に入ってしまうと、日系か、韓国系か、それとも中国系かなんてことは、見た目からは区別がつきません。

私は日本生まれの韓国人なので、韓国語はほとんど話せません。かといって英語も初めのうちはうまく話せない。そんな私を、異国に独りぼっちで寂しがってはいないかと、いつも気にかけてくださったのは韓国人の方でした。同じ韓国人から、「韓国語が話せないあなたは、韓国の恥だ」と言われたとき、私をかばってくれたのも韓国の方です。

3～4世代前に韓国から日本へ渡り、私たちの想像以上に苦労したであろう私たちの先祖。私が渡米をしなければ、自分の母国の方々の愛情に触れることはなかったかもしれないと思うと、言葉では表せないくらい複雑な思いがわいてきます。

そして、私にとってのもう一つの母国、日本。アメリカで日本生まれの日本人の方に会うと、日本語で会話ができることがとてもうれしくて、すぐに深い信頼関係が出来上がったりするものです。しかし、日本生まれの日系人に出会うことは、アメリカ社会に入って仕事をしていると、そう滅多にはありません。

アメリカでは、日本と韓国の国籍を自由に行き来できるという、とても幸運な私なのですが、韓国人で成功されている方にはよく会っても、アメリカ社会で活躍する日本育ちの日本人には稀《まれ》にしか会うことができません。それが私はいつも不思議でした。どうして日本人はアメリカで成功する率が低いのか。私が1998年に渡米して以来、日本人の友達はたった一人を除き、みんな日本に戻りました。言葉の壁、文化の壁はとてつもなく大きくて、それを乗り切れずに帰国される方がほとんどだと思います。私も同じく、2002年からの4年間は日本に帰国していました。

アメリカにいた1998年から2002年の最初の4年間に学校を卒業して美容の世界に飛び込み、メイクアップアーティストとして撮影現場で仕事をしていた私。言葉が話せず、うまく人と会話もできず、どのグループにも馴染むことができなかった日々。お昼ご飯を一人で食べたり、休憩時間に何をしていいかわからず、人目を避けるように物陰に座って時間を潰したりしていました。言葉がうまく話せないから、笑われたり馬鹿にされたり、自分の意見なんて聞いてもらえなかった。

自分の行く先を見失い始めていたメイク業界を離れ、スキンケア業界に戻る決心をして、それなら一からやり直そうと思い、日本に帰国しました。日本に帰国した後に、また違う意味でのカルチャーショックを受け、日本社会に馴染むのにも時間がかかりました。そして2006年にもう一度アメリカに戻る決意をしたのです。

日本に戻ってきて感じたことは、日本という国はとても守られていて、本当に住みやすい国だということです。箱の中に収まっているのなら、自由を感じられる国。周りを心配させない範囲でなら、個性を個性と呼んでくれる国。何となく生きていける国。人の温もりに囲まれすぎていて、それが当たり前になっている国。真面目さや器用さは世界一なんだけど、自分を語らない国ということです。

いっぽうアメリカという国は個々人の選択を重んじるので、自分で自分の道を自由に切り拓いていける国。心地のいい箱を自分でつくっていかなければいけない国。個性がない人間は存在さえ認識してもらえない国。何となく生きていると、大きな波に流されてしまう国。いろんな人種が混ざっているから、何が温もりで何が優しさなのかを明確にしないといけない国。自己表現が世界一で、真面目で器用な人材を雇えばいいと教えられる国です。

それぞれの国がそれぞれのすばらしいものを持っていて、日本とアメリカの文化はまさしく「Opposite attraction（正反対の魅力）」。

よく私は、「アメリカと日本、どちらが住みやすい？」と聞かれます。その答えは毎回同じで、「アメリカと日本を混ぜて、それを一つにできることができればベスト」。

私なりの感覚で言うと、日本は敷かれたレールの上を黙って歩んでいれば、それなりに楽しく生きていける国。アメリカは真逆で、壮大な草原を好きなように走っていいと言われるけれど、その代わりすべて自己責任の国。「黙っていないと叩かれる」日本と、「黙っていては埋もれてしまう」アメリカ。その二つの国のいいところを一つにすることができたらすばらしいですよね。壮大な草原にいろんな種類のレールが敷かれていて、それを自由に出入りしながら走っていくことができるようなイメージです。

そんな文化の間を切り抜けてきた私は、アメリカの文化や言葉の壁を乗り切れずにいる日本の方の助けになりたいという願いをずっと抱いていました。戸籍上は韓国人ですが、やはり私は日本人。日本のすばらしさ、日本が長年かけて築き上げてきた他国との信頼をとても大切に思っています。大勢の先人たちの苦労が、単なる「寿司」や「ラーメン」のようなトレンドで終わってほしくない。

特に日本女性には、すばらしい才能を持った方が大勢いらっしゃる。しかし日本の文化という「箱」、その中でもさらに女性であるという「箱の中の箱」に閉じ込められている方が多いと思います。そういった日本の女性たちに、私の経験を知っていただくことで、一歩でも前に進める手助けができたら……。

和末さんから、「日本の方がジュミさんの存在を知ったら、すごく感銘を受けると思う」という言葉をいただいたとき、私が今後どの方向に進んでいけばいいのか、手にとるようにわかりました。ずっと抱いていた「人の架け橋になりたい」という夢をかなえるための第一歩として、2020年の年始に本の出版が決まったのです。

その後、順調にものごとが進展していき、アメリカで新型コロナウイルスの感染拡大防止のための外出禁止令が出ている間に、よいタイミングといっては不謹慎かもしれませんが、想定以上に原稿づくりに集中できる時間が設けられました。正直なところ、どのようにしてほかの仕事とスケジュールを調整すればいいのか不安なところもあったのですが、「なるようになるし」と思っていた。そんな矢先にコロナウイルスで世界中の活動が停滞して、私のスケジュールも見事にすべて保留、またはキャンセルになりました。そして、そのまま強い波に押されるように、書籍づくりにすべての力を注ぐことができました。

思い描いていた「将来」というのは、あくまでも自分がつくり上げた「想像」にすぎず、確実に存在するのは「いまこの瞬間」だけ。今回のパンデミックで、最も教えられた人生の教訓です。

前兆が見えたクリスマス前の和末さんとの電話。２０１９年に決めた、「ＮＯとは言わない」という目標。自分の言葉を信じてＹＥＳと言ったことが、いま現在につながっています。

光文社の三野知里さん、ライターの長山清子さん、そして寺田和末さん、本当にありがとうございました。

そして最後に、家族へひとこと。

パパ、パパのお母さんがまだ生きているとき、彼女が彼女の友達に韓国語で、「私はアメリカに行きたい」とよく言っていた、と教えてくれたね。彼女の意志を受け継ぐように、パパは一人娘の私を迷うことなく20歳で渡米させてくれました。「辛いことはまず10年間我慢して」という言葉を、いまでも、遠く離れたアメリカで辛いことがあるたびに思い出しています。揺るがない愛情と信頼を注いでくれて、本当にありがとう。

ママ、私が初めてニューヨークに来たとき、一週間付き添ってくれたよね。寮の手配や語学学校の確認、服、食料品なども不自由しないように買い揃えてくれた。私の大好きな「なめ茸」なんて一箱スーツケースに入れて持って来てくれたよね。ママが帰ってしまう日が近づいてくるのがとても怖くて、本当にこれが正しい選択だったのかと、夜ベッドで泣きながら考えていました。そのとき、2人で泊まったのがマンハッタンにある「ウェリントン　ホテル」。お別れの夜、ロビーからエレベーターに乗るママを泣きながら見送った光景が、いまでもしっかりと記憶に残っています。そして、それから18年後の２０１６年。レディー・ガガのツアーに参加する私のために、下の娘のシッターとしてニューヨークまで一緒に来てくれたよね。そのときに再度、2人で訪れたウェリントン　ホテル。20歳のときはとても大きく見えたホテルが、38歳の私にはなぜかとても小さく見えた。

ママは「いい大人になるには、聞き上手になりなさい」と幼い私に教えてくれたね。そのおかげで人の話を聞くのが心から好きになりました。いろんな方の人生の成功や失敗からいろんな人生の手段を学ぶことができているのは、そのおかげです。「A wise man once said Nothing（賢い人は何も言わない）」というアメリカでも有名な言葉があるように、賢い人間は常に話し相手から学ぶ姿勢でいられるんだろうね。

こんなに強い絆を感じられるママの存在。天国のおばあちゃん、ママを産んでくれて本当にありがとう。

あっちゃん、もともと3人きょうだいだった私たちだけど、長男のお兄ちゃんが19歳で他界して、いきなり2人だけになったばかりのころは、かなりのアンバランスに戸惑ったね。そんな私たちも大人になり、違う国に住んでいるから会うことも頻繁にはないけれども、お兄ちゃんが生きられなかった分まで、あっちゃんの人生をフルに楽しんで生きていってください。

そして夫のモー。1999年にウエストハリウッドにあるバーへ友達と訪れたとき、そこでバーテンダーをしていたあなた。もう、かなり昔のことのように思えます。確実に言えるのは、あなたに出会っていなければ、私はいまの私にはなれていなかったということ。ものごとの捉え方、人生のあり方、女性らしさ、愛すること、愛されること、許すこと、許されることすべてをあなたから教わったように思います。

私が自分で自分のことを信じられないときは、人一倍応援して背中を押してくれる。

迷いに迷っているときは、いつも変わらず的確なアドバイスをくれる。何もかも投げ捨てたいときは、投げ捨てればいいと言ってくれる。一番の友達であり、家族でもあり、夫でもある。どんなに忙しくても、いつでも私の話を優先して聞いてくれる。いつも私の挑戦したいことには「ＹＥＳ」と言ってくれる。

いまでは2人の子どもを一緒に育てているパートナーとして、独身のときとはまた違ったチャレンジがあり、それを一緒に経験できているのがあなたで本当によかったと思う。

いつもありがとう。そしてこれからもよろしくお願いします。

プロデューサー
寺田和未

編集協力
長山清子

本文イラスト
油野健二

帯写真撮影
Dana Patrick（デーナ・パトリック）
公式HP www.Danapatrickphoto.com

ヘアメイク
Ashanta Morris

ブックデザイン
アルビレオ

JOOMEE SONG

ジュミ・ソン――神戸生まれ。1998年に渡米。ヤマノ・ビューティーカレッジ・ロサンゼルス校を卒業後、メイクアップアーティストとしてハリウッドで活躍。2002～2006年、神戸と東京を行き来して美容業界に携わったのち、ロサンゼルスに戻り、メディカルスパ業界の第一線でフェイシャリストとして活躍。西海岸で厳選された“Best Hand of West Coast 2007”にエステティシャンとして唯一ノミネートされる。2009年からの5年間、フォーブス（Forbes）で認定されている五つ星の高級ホテルスパで活躍し、Hotel Bel-Air と The Beverly Hills Hotel ではエステティシャンとして歴代セールス1位に輝く。2014年に独立。レディー・ガガ専属フェイシャリストとして4年半活躍し、「あなたのフェイシャルは世界一」という賞賛の言葉をもらう。2018年ロサンゼルスにスタジオをオープン。ニューヨークとロサンゼルスを拠点とし、セレブやモデル、ミュージシャン、経営者から主婦まで幅広いクライアントから絶大な支持を得ている。2019、2020年にはロサンゼルスで活躍する企業に与えられる賞を2年連続で受賞し、殿堂入りを果たす。2020年10月、オリジナルのコスメ「STRATA by JOOMEE SONG」を発売予定。数々のアメリカのトップ美容雑誌から、発売に向けて注目されている。2020年秋から、日本でのコスメ販売、ワークショップ、講演活動、サロンもスタート予定。

公式HP

www.joomeesong.com

インスタグラム

@joomeesong_jp（日本語版）　@joomees（英語版）

世界一《せかいいち》の
フェイシャル・マジック

2020年8月30日　初版第1刷発行

著者

ジュミ・ソン

発行者

田邉浩司

発行所

株式会社 光文社

〒112-8011 東京都文京区音羽1-16-6

電話　編集部03-5395-8172／書籍販売部03-5395-8116／業務部03-5395-8125

メール　non@kobunsha.com

落丁本・乱丁本は業務部へご連絡くだされば、お取り替えいたします。

組版・印刷所

堀内印刷

製本所

ナショナル製本

ISBN978-4-334-95188-7